論理的思考力を鍛える33の思考実験

鍛鍊邏輯思考力的33個思考實驗

思考實驗室

RYOKO KITAMURA
北村良子 著
伊之文 譯

晨星出版

前言

聽到實驗這兩個字，你可能會第一個聯想到理科實驗，但思考實驗並不像理科實驗那樣需要器材和場地，而是在特定條件之下深入思考，在腦海中一步步推導出自己的結論。

舉例來說，牛頓從落下的蘋果聯想到宇宙中的其他星球應該也有同樣的現象，還想到為什麼月亮不會掉到地球上的問題，就是這個疑問讓牛頓發現了知名的萬有引力法則，當他在腦海中思考該如何解釋蘋果落下的現象，這就算是一種思考實驗。

你的大腦就是實驗室，而你的道德觀念、過去累積的知識、邏輯思考能力、專注力和想像力就是實驗器材。

因此，思考實驗不限時間和地點，也不需要特別的器材，即使在乘客爆滿的通勤列車中、被窩或飯桌上都可以進行。思考實驗能讓你更了解自己並發揮腦力激盪的功效。

思考實驗可以用來訓練商業場合所需要的邏輯思考能力，若要一邊推導、一邊從各種角度看待事物並做出結論，邏輯能力是不可或缺的。

我是個益智謎題作家，在每天和許多謎題為伍時遇見了思考實驗，因而撰寫了這本書。益智謎題和思考實驗能夠有效訓練大腦，而且共通點是兩者都能讓人享受到樂趣。

本書一共準備了三十三個能帶來刺激的思考實驗，從知名的到筆者原創的都有，希望這些精選的思考實驗能夠擴大你的視野，讓你從中獲得樂趣。

書中列出的第一個例子是讓思考實驗爆紅的礦車問題。礦車在軌道上爆衝，即將撞死軌道上的作業員——在這樣的情境中加入各種設定，使思考實驗的情節發展變得更加多元。

若是發生在現實中，人們可能會察覺礦車駛近並趕緊走避，但思考實驗刻意排除這種可能性，迫使人們做出困難的抉擇。

除了礦車問題之外，本書中還有其他思考實驗，像是主張飛毛腿追不上烏龜的阿基里斯悖論，以及要用到數字的純邏輯問題。還有些題目讓讀者想像過去、未來和第一次看見色彩的那一瞬間，在腦海中建構出世界觀。

在享受故事情節和巧妙圈套的過程中，你自然會培養出邏輯思考能力，並且從思考中得到新的發現和體悟。

那麼，就讓我們快點來體驗思考實驗的樂趣吧！

思考實驗室：鍛鍊邏輯思考力的33個思考實驗　目錄

第3章 體驗到數字與直覺不一致的思考實驗

第4章 在不講理的世界求生存的思考實驗 213

第 1 章

撼動倫理觀的思考實驗

你會救哪一邊？

接下來要登場的思考實驗與生死有關，儘管有些沉重，卻是個任何人都很容易想像的問題，讓包括哲學家在內的許多人都很感興趣。

這些思考實驗要讓各位讀者思考，當題目中設定的情境發生時，你會採取什麼樣的行動和判斷，並察覺自己的道德觀和判斷基準為何。

此外，看到和自己不同的意見或多數派的意見，將能幫助你拓展思考的廣度。

在這一章裡，你將要多次思考「要救五個人還是一個人」這個共通的問題。

雖然某些情節不可能發生在現實生活中，但之所以那樣設定，都是為了把問題聚焦在「要救五人還是一人」上面。

若以現實情況來考慮的話，你多半會有其他選擇，而且你採取的行動也不一定會得到預料中的結果。

你可能會想：「我為什麼非得在這種脫離現實的設定中，被迫做出令人不快又沒有意義的決定？」

不過，這是思考實驗，終究只是虛構的。

在這裡，「思考這種脫離現實的事也沒用」、「拿人命來比較真是不像話」之類的都不是重點，此外，本書也不是想要鼓吹大家去區分生命的價值。

那麼，現在就讓我們踏進思考實驗的世界吧！

【思考實驗No.01】

爆衝的礦車與作業員

「爆衝的礦車與作業員」這個思考實驗由英國哲學家芙特（Philippa Ruth Foot）在一九六七年提出，直到今天仍然受到人們反覆討論，非常有名。

為了讓讀者切身體會思考實驗是什麼，我想先從這個有名的例子開始探討。

礦車問題有很多種版本，每個版本的共通點都是：為了救五個人，犧牲一個人的生命是對的嗎？

在不同版本中，「要救五個人還是一個人」的部分是相同的，但背景設定相當多樣化，讓多數派的意見也跟著產生變化。

在某個條件下，人們選擇救五個人，但在其他條件下，有更多人會選擇救一個人，請你務必也要獨立思考並親身體驗。

你的意見有可能是少數派，但多數派的意見不代表正確答案，請放心。

那麼，我們就從最簡單、最有名的礦車問題開始看起吧！

＊

你人正在切換軌道的開關附近，而且親眼目睹了非常危急的一幕。

在你的右手邊，有一輛載了許多石頭的礦車爆衝而來，速度顯然快到讓人懷疑煞車是不是壞了。

無論如何，現在都無法讓礦車停下來了，但是，只要切換軌道，倒是可以改變礦車的行進方向。

這條軌道的另一頭有五位作業員，五個人都沒有注意到礦車，恐怕是躲不掉了，而再這樣下去，礦車就會撞死這五個人。

你發現旁邊有個切換軌道的開關，便決定要切換軌道來救那五個人，接著，你走近開關並朝它伸出手。

在這一瞬間，你往另一條軌道看了一眼，發現那條軌道上也有一個作業員！要是切換軌道的話，他就會被撞死。

你不認識這六個人，他們也都沒有任何罪過，只是碰巧出現在這悲慘的現場。而你也只是碰巧出現在這裡，如果沒有這個切換軌道的開關，你就只是個旁觀者。

若是發生在現實生活，那五個人當中應該會有人注意到礦車，而你也可以另外想很多其他的方法，例如朝著他們大叫：「危險！」但是，在這裡請讓我假設你除了切換軌道之外沒有別的方法，而那些作業員也全都沒有發現礦車衝過來了。

你會選擇切換軌道嗎？

還是不去碰開關呢？

A
B
A
B

思考提示

你想好答案了嗎？

接下來，我要告訴大家這個思考實驗可以怎麼思考，以及哪種想法是主流，請你先自己想過一遍之後，再繼續往下讀。

NHK曾播出桑德爾教授（Michael Sandel）主講的哈佛課程「正義：一場思辨之旅」，這個思考實驗也因出現在課程中而知名度大增，所以應該有很多讀者聽過。

這個思考實驗的多數派意見是「切換軌道，犧牲一個人來救五個人」。

由於這個思考實驗很有名，所以統計數據不只一種，但大約有85％以上的人回答：「為了救五個人，採取犧牲一個人的行動是可以允許的。」

在這個思考實驗所設定的條件下，人們的想法單純是比數字大小，救五個人勝過救一個人。

因為是不認識的五個人和一個人，兩邊都沒有會牽涉到情感的因素，所以人們能夠比較冷靜地思考。

多數派認為五條命大於一條命，做出應該切換軌道的判斷。

礦車問題的多數派與少數派

少數派

選擇不切換軌道

↓

放任不管，
讓五個人犧牲

多數派

選擇切換軌道

↓

犧牲一個人，
拯救五個人

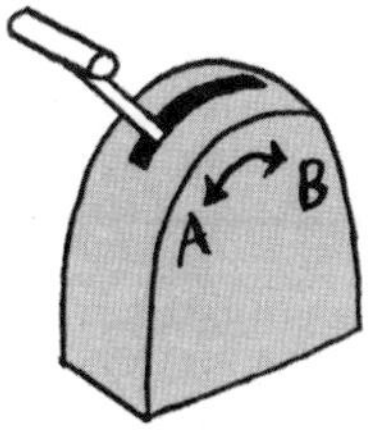

選擇拯救五人的人這麼想

另一方面，少數派選擇不切換軌道，犧牲那五個人，他們是怎麼想的呢？

比方說，有人認為，礦車本來就是朝著那五人的方向前進，他們會死是命中注定。

但是，另外那一人並不在礦車前進的路線上，不應該把他捲進來。也就是說，少數派對於操控別人的命運感到抗拒。

還有其他意見認為操作開關會讓自己這個旁觀者和事故扯上關係，而且，即使大家都認為事故當時是萬不得已的情況，但少數派還

選擇犧牲五人的人這麼想

既然礦車衝向他們，那死亡本來就是他們的命運。

要是選擇切換軌道，就等於故意殺死這個人。

是相當不願意親手殺死一名無辜的作業員。

礦車問題沒有明確的答案，並不是說其中一派是對的，另一派是錯的。

你怎麼看待這個問題就是這個思考實驗的精神所在。你的看法如何呢？

如同我前面說過的，礦車問題的多數派和少數派會因為條件不同而改變。接下來我會再介紹其他版本的礦車問題，請你在腦中進行思考實驗。

【思考實驗No.02】

爆衝的礦車、作業員和胖子

你人正在軌道上方的橋上，親眼目擊了非常危急的一幕。

有一輛載了大量石頭的礦車，在橋下的軌道上以高速爆衝。

軌道另一頭有五名作業員，他們當中沒有人發現這個危急的情況，然而再這樣下去，那五個人就要被撞死了。你掃視四周，看看有沒有辦法解救這個狀況。

結果，你發現橋上除了自己以外，還有另一個男人。

那個男人相當肥胖，而且看得出他背著一個很重的背包，如果把這個男人推下去，就可以讓礦車停下來。

但是，這麼做男人一定會死。

胖男人似乎對那五名作業員正在做什麼工程感到好奇，他將上半身伸到欄杆外面，看得很入迷。看來這個男人也沒有發現礦車來了。

假設你現在能夠確實把這個胖子推落到軌道上，你會選擇把他推下去嗎？還是什麼也不做呢？

此外，假設你已經知道自己跳下去也擋不住礦車，只會讓包括你在內的六個人犧牲。

實際上，就算把那個背著沉重背包的胖子推下去，也不一定擋得住礦車。

尤其對身材嬌小的女性來說，更不可能把這麼胖的人推下去，說不定還擔心自己會在扭打中被推下去。

但是，假設在這次的思考實驗中，只要把胖子推下去就能確實擋下礦車，而且只要你有心想推，就一定能夠順利推下去，不會和他扭打起來。

除此之外，再假設你即使採取行動也不會被追究罪責。

思考提示

你想好答案了嗎？

如果你已經有答案了，請你也想想看，這一題你的答案和上一題一樣嗎？如果不一樣，又是為什麼？

我在開頭提過，當題目的設定改變，多數派的答案也會跟著改變，這就是那一題。

在這個設定下進行思考實驗，多數派的意見會改變。和剛才切換軌道的那一題相反，大約有75％到90％的人會選擇默默看著那五個人犧牲。

雖然有統計數據顯示，女性或醫療從業人員選擇把胖子推下去的機率比一般人稍微低一點，但差距並不大。

也就是說，無論從事哪種職業，人們的大腦就是對「把胖子推落」這個選項極度反感。

和第一個思考實驗比起來，這一題所要犧牲的人數並沒有改變，也同樣都和爆衝的

礦車與胖子問題的多數派和少數派

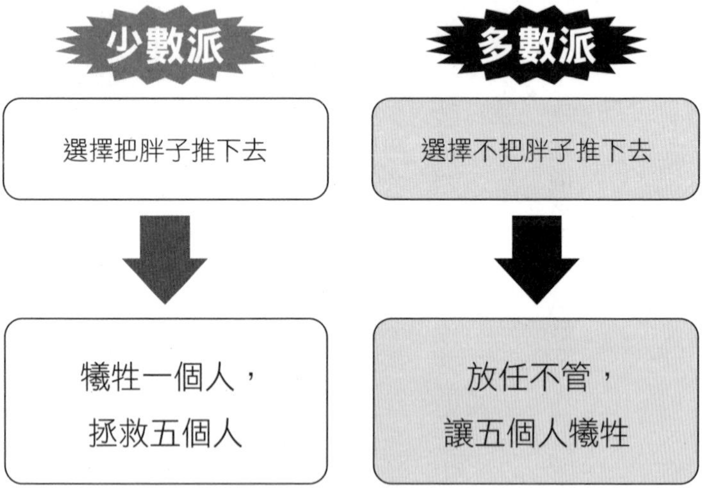

礦車及作業員有關，而你一樣可以選擇要救一個人或五個人。

然而，為什麼多數派的意見變了？請你想想看。

在這一題的設定中，把胖子推下去的行為，會讓人感受到這比上一個礦車問題更積極地參與殺人的過程，多數派就是對這一點產生強烈的抗拒。

如果是胖子的上半身伸得太出去，自己不小心掉到橋下而讓礦車停下來的話，那麼認為犧牲胖子比較好的人就會是多數派。

由自己把胖子推下去，或是胖子自己不小心掉下去，兩者的差異會讓人們期望的結果也跟著不同。

之所以會有這樣的差別，關鍵在於是不是故意採取行動。

假如胖子自己掉下去，那他就是偶然遇到這樣的不幸，偶然救了那五個人。

然而，當你想到要把胖子推下去時，你安排的劇本是胖子掉到軌道上被礦車撞死，五個人因此得救。

這樣一來，你採取行動的目的就是為了讓胖子去死，不，這是為了救那五個作業員——你很想要這樣想，但如果胖子不去讓礦車撞的話就傷腦筋了。

你把胖子推到軌道上的目的不是為了別的，就是為了藉由他的死讓礦車停下來，拯救那五名作業員。

此外，人們不喜歡和別人有肢體接觸，必須親手把胖子推下去這一點讓人很難忍受。

到這裡，讓我們再稍微改變一下設定。

把胖子推下去的劇本

把胖子推下去

↓

這是必須的！

讓胖子去被礦車撞，
藉此讓礦車停下來

↓

結果就是五個人
得以保命

假設背著背包的胖子站在橋上，而你人在離橋有點距離的地方。眼前有個可能是要用在什麼工程上的按鈕，只要按下這個按鈕，橋就會一分為二，讓胖子掉下來。

這樣的話，就不會有肢體接觸了。你覺得如何？這樣的設定，應該比一開始更容易讓胖子掉到橋下。

再讓我改一下設定，假設你並不知道這個按鈕的存在，只是走路時偶然踩到按鈕的話呢？

因為只是偶然踩到，所以並不是故意讓胖子掉到軌道上的。

再來想想看另一個版本，你看到朋友也在，便向他揮手，接著，朋友朝你跑過來，途中偶然踩到按鈕，讓胖子掉到軌道上。

在這個設定下，你參與這件事的方式比之前的設定消極許多。

在這幾種設定中，你採取的行動都會造成一個人犧牲，讓軌道上的五個作業員得救，結果並沒有改變。儘管如此，你的想法還是會視自己牽涉其中的程度而改變。

即使你希望更多人得救，但當情況牽扯到自己時，你還是會做出比較主觀的判斷。下判斷的關鍵並不在於要選擇救五個人還是一個人，而是你的主觀想法占了重要的位置。

下一頁，我會再介紹另一個版本的礦車問題。

【思考實驗No.03】

爆衝礦車與迴圈的軌道

你人正在切換軌道的開關旁邊，並親眼目睹了非常危急的一幕。

載了許多石頭的礦車以高速爆衝，停不下來，看得出來顯然是煞車壞掉了。

軌道前方有五位作業員，他們完全沒有發現礦車來了，恐怕無法避開，再這樣下去，這五個人就會被撞死。

幸運的是，你正在切換軌道的開關旁邊，只要藉由這個開關來切換軌道，就可以改變礦車的行進方向。

於是，你馬上就朝開關伸出手。

雖然你想著要切換軌道，但不幸的是，另一條軌道上有一個胖子作業員正在施工。

如果你切換軌道，這個胖子作業員就躲不掉，會被礦車撞到而喪命。

如左圖所示，另一條軌道往旁邊繞去，但原本一分為二的軌道又再度交會。這條迴圈的軌道，應該是平常用來暫時停放礦車的吧。

和先前的題目一樣，你能做的就只有切換軌道，就算你大力揮手或高聲吶喊，那些作業員也接收不到任何訊息。

你會切換軌道嗎？

B
A
A
B

思考提示

這一題乍看之下和一開始的「爆衝的礦車與作業員」很像。是否切換軌道會讓一個人或五個人得救，而你肩負著做決定的責任。

雖然比例有點下降，但這一題和第一題一樣，選擇救五個人的人仍然是多數派。

那麼，究竟是哪裡不同呢？

無論是「爆衝的礦車與作業員」或「爆衝礦車與迴圈的軌道」，只要扳動切換軌道的開關，就會確實導致一名作業員死亡。

和第一題不同的地方在於，這次的軌道是一個迴圈，若你選擇切換軌道，那個胖子作業員就非得被礦車撞到不可。

也就是說，胖子作業員變成了讓礦車停下來的手段，假如他在千鈞一髮之際成功躲開了礦車，就會得到和你期望中不同的結果。

在這一題裡，胖子作業員的死是不可或缺的。就這一點而言，這一題與其說像是「爆衝的礦車與作業員」，不如說更近似於「爆衝的礦車、作業員與胖子」。儘管如此，多

各版本礦車問題的差別

① 爆衝的礦車與作業員	把礦車切換到有一位作業員所在的軌道	一位作業員死亡，五位作業員得救	不得已的結果
② 爆衝的礦車、作業員與胖子	把胖子推下去	胖子死亡，五位作業員得救	期望中的結果
③ 爆衝礦車與迴圈的軌道	讓礦車撞上胖子作業員	胖子作業員死亡，五位作業員得救	期望中的結果

「爆衝礦車與迴圈的軌道」
比較近似於「爆衝的礦車、作業員與胖子」。

數派之所以在「爆衝的礦車、作業員與胖子」那一題改變答案，其中一個原因就是先前所說的「極度不願意親手去推胖子」。

用到礦車的思考實驗很有名，而且容易改變設定，所以其他還有許多類似的例子，以下就來介紹幾個。

【其他版本的思考實驗】

※以下所有例子中，在什麼都不做的情況下，都是五個人那一方會犧牲性命。

① 如果「爆衝礦車與迴圈的軌道」中，胖子作業員後面有一個足夠堅固的障礙物可以讓礦車停下來的話呢？這樣子，就不是故意要讓胖子作業員去死了吧？

② 假設五位作業員和胖子作業員施工的地方在轉盤上，只要轉動轉盤，就可以

決定礦車要撞上五個人還是一個人，你會怎麼做？

③有五個人正在搭乘軌道上的列車，如果爆衝的礦車撞上去，列車就會遭到破壞，導致五個人死亡。假設按下按鈕可以讓列車滑到陡坡下面，避開爆衝的礦車，但陡坡下面有一個完全無關的局外人，你會選擇按下按鈕嗎？

如上所示，人們嘗試過各種設定的思考實驗。

那些設定很簡單易懂，也很容易想像，但只要稍微變更設定，人們就會改變想法，還可以從各種觀點來看待問題，找出自己的答案，這就是許多人對礦車問題感興趣的原因。

除了礦車問題之外，這類為了救五個人而犧牲一個人的思考實驗還衍生出其他例子，下一頁就要介紹其中一種。為了救五個人而犧牲一個人的情況仍然不變，但場景從礦車變成醫院。

【思考實驗No.04】

器捐抽籤

你是某家醫院的醫師。

醫院裡有五個患者正在等待器官捐贈，他們分別需要不同的器官，要是等不到器官的話，很快就會沒命。

這時，有一個看起來很健康的男人前來做健康檢查。

身為醫師的你，可以在不被任何人察覺的情況下讓這個男人安樂死，將他的器官提供給那五位患者。不必事前告訴這個男人，也不會做任何讓他感到害怕的事。

為了救那五個人的命，選擇犧牲一個健康的人，這種事是可以允許的嗎？

思考提示

大多數人應該都會回答「不可以」吧？

人們會認為，只是去做個健康檢查就丟掉小命這種事，絕對不可以讓它發生。

但是，從「犧牲一個人，拯救五個人」的觀點來看，這個情況其實和「礦車問題與作業員」沒有什麼差別。

儘管如此，為什麼人們會改變想法呢？

請你也想一想下一頁的問題。

「犧牲一個人，拯救五個人」這一點是一樣的

器捐抽籤	爆衝的礦車與作業員
不事先告知，就把一個健康的人安樂死	切換軌道，犧牲一個人
↓	↓
把器官移植給等待捐贈的五個人	原本要犧牲的五個人會得救

器捐抽籤和礦車問題一樣，都是犧牲一個人來拯救五個人，但反對器捐抽籤的人究竟是出於什麼樣的心理？

【思考實驗No.05】

完全平等的器捐抽籤

假設我們現在要用抽籤來決定器官捐贈者，被抽中的人要把器官移植給需要的五名患者，拯救他們的生命。

抽籤過程將會公平公正，被抽到的人可能是總統，也可能是上班族、醫師、即將自殺的人或罪犯，一切平等。

這即是功利主義的想法，要爭取最多數人的最大幸福。

假如器捐抽籤在全世界實施，應該會有許多人得救吧？

這樣的想法是可以允許的嗎？

思考提示

在這一題當中，人們應該會一面倒地認為不可以這麼做。

提倡功利主義的英國哲學家邊沁（Jeremy Bentham）認為，正確的行為或政策就是要爭取最多數人的最大幸福。

此外，邊沁還試圖像物理學或數學一樣，藉由計算來推測出幸福度。他訂下測量幸福的基準，將一件事所帶來的快樂、痛苦、影響範圍大小和持續時間長短化為數值並加以計算，藉此來

這一題同樣是「犧牲一個人，拯救五個人」

讓被抽中的
一個人安樂死

↓

把器官移植給
等待捐贈的五個人

抽籤是公平的，但這樣做對嗎？

最多數人的最大幸福

功利主義＝讓更多人更幸福

認為可為最多數人帶來最大幸福的事是最好的

快樂的程度有多少？

帶來的痛苦有多少？

這份快樂
會持續多久？

這份快樂的效果
會擴及多大的範圍？

根據各種要素，
用算式算出幸福度

↓

要做事之前，
都要用這個標準來
判斷對錯

從這個概念來看，
在「爆衝的礦車、作業員與胖子」中，
把胖子推下去會是正確的做法。

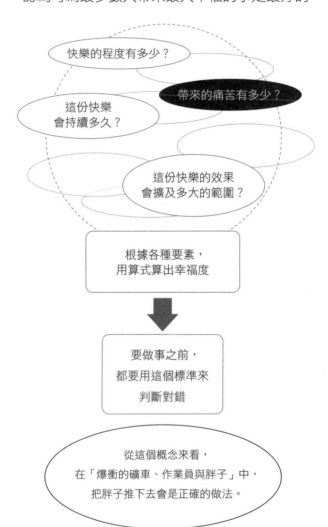

判斷這件事是否正確。

從這個概念來思考，將一個人和五個人的存活孰輕孰重拿來比較，就會做出「在礦車問題中把胖子推下去是正確的」的判斷。

器捐抽籤是英國哲學家哈里斯（John Harris）提出的。

若聽到「要做出什麼選擇時，抽籤是公平的嗎」這個問題，許多人應該都會回答它是公平的。

因為它是公平的，所以每當要決定什麼事情時就會採用抽籤的方式，像是決定誰可以得到獎品，或是誰要去做社區或班級的冷門職務等等，在大家想要被抽中或不想被抽中的情況都能應用。

我們似乎不必質疑抽籤的公平性。

既然如此，器捐抽籤非常公平，是個能讓更多人幸福的方法，在某種程度上應該可以得到人們的認同。

然而，大多數人都反對這個制度。

實施這個制度或許可以讓更多人得救，但是人們也會每天都活在自己或親朋好友可能被抽中的恐懼感中，這樣能算是幸福嗎？

從功利主義的角度來想，要是把器捐抽籤帶來的恐懼納入計算，恐怕很難做出「器捐抽籤是正確的」的判斷吧！

此外，沒有人希望等待器官的患者死亡，雖然那些患者沒有得救很不幸，但這並不是任何人的錯。

儘管會有更多人得救，但人們的恐懼感也更大

接受器官捐贈，保住性命
可能會突然被奪走性命，太可怕了

應該把有一天可能會突然被奪走性命的恐懼感看得重一點

先不論醫療過失等情況，儘管至今仍然有許多人等不到器官而喪命，但也沒聽到有人怪罪醫師沒能救活那些患者，或是怪罪大家都不捐贈器官，沒有誰是故意要殺死那些患者的。

但是，如果犧牲那個被抽中的人，就等於是為了利用他的器官而加以殺害，藉此拯救另外五個人。從犧牲者的角度來看，就是遭到蓄意殺害。

坐等需要器官的五個患者死亡，或是殺了一個健康的人——如果一定要兩者擇一，應該會有很多人認為選擇前者才符合倫理。

【思考實驗No.06】

六個患者和特效藥

現在有一個重症患者和五個中等程度的患者。

這裡有他們所患疾病的特效藥，但很不巧地只有一份。

如果把這份藥平均分給那五個中等程度的患者，五個人都能完全康復。

把這份藥給一個重症患者獨享，也能讓他完全康復。

五個中等程度的患者並非命在旦夕，但那一個重症患者需要及早治療。

那麼，你會選擇救一個重症患者，還是那五個中等程度的患者？

思考提示

看到這一題，多數人應該會這樣想：

「那五個患者的病情只是中等程度，還沒有變成重症。既然如此，用現有的特效藥救了一個人之後，還有時間可以想辦法弄到藥來救那五個人，讓所有人都得救。

要是用這份藥救了那五個人，轉眼間就會失去一個人的生命。

雖然獲得特效藥的方法還要再

若中等症狀的有五人，重症的有一個人……

多數派會選擇先拯救那一個重症患者，之後再救另外那五個人

研究，但這份藥應該要給重症患者才對！」

若考慮到要說服在場的醫護人員或患者的家屬，人們應該會選擇這個選項並如此說明。

必須拯救眼前這條即將逝去的生命——一般來說，在場的所有人都會抱著這樣的心情。

但是，還是有幾個地方讓人很難判斷，例如不知道再拿到那種藥的機率大不大、這個機率可不可信、剩下的五個患者是否能活到拿到特效藥的那天、捨棄那五個人是否正確等等。

那麼，接下來我會稍微變更設定。

【思考實驗No.07】

無效的藥

醫院裡有六個患者。

他們是同一家公司的員工，其中一個是專案小組的組長，其他五個人則是小組成員。

他們為了工作而出國，得了當地特有的嚴重疾病。六個人的病情一樣嚴重，要是不趕快投藥的話，他們很快就會喪命。

這時，公司得知專案小組的組長生病，就寄藥過來。他們以為生病的只有一個人，但還是多寄了一些，湊齊了五人份的藥。

由於這些藥是寄給組長的，醫師便想要儘速為組長投藥，但事前檢查的結果發現，

這種藥很難對組長的體質發揮藥效。如果要救組長，就必須用上五人份的藥。

其他五個人屬於一般體質，可望產生正常的藥效。只要有五人份的藥，就能保住這五個人的性命。

可是，已經沒有時間等公司再寄五人份的藥來了。

這些藥能救的，只有五個人的命或一個人的命。

一個藥效難以發揮的人和剩下的五個人，你會選擇救哪一邊？

思考提示

在這一題，多數人會選擇救五個人，認為讓藥效難以發揮的那個人喪命是不得已的。

雖然形式改變了，但這則思考實驗是拿一個人和五個人來比較，相對容易當作單純比人數的問題來處理。

這一題表面上和「爆衝的礦車與作業員」很相似，但其實有所不同。

不同之處在於，相較於礦車問題是選擇要犧牲一個人或五個人，「無效的藥」則是選擇要救一個人還是五個人。

藥效不佳的一人和其他五個人，只能救其中一邊

既然病情一樣嚴重，人們傾向選擇救人數多的那一方

●積極義務與消極義務

在這裡，讓我們來想想看「犧牲一人或五人」和「拯救一人或五人」有什麼不同。

提出礦車問題的芙特主張，人們有積極義務和消極義務，消極義務是指不危害他人的義務，積極義務則是幫助他人的義務。

換言之，礦車問題和消極義務有關，「六個患者和特效藥」與「無效的藥」則和積極義務有關。

舉例來說，當一個小朋友膝蓋磨破皮，正在哭泣的時候，即使你沒有伸出援手就此經過，也沒有人會責怪你。

但是，要是你拿水泥塊擦傷小朋友的膝蓋，那就是傷害案件，而且會受到責難。

你當然會想：「我怎麼可能做那種事！」由此可見，不危害他人的消極義務比較有強制力。

即使人們知道自己有這兩種義務，在「爆衝的礦車與作業員」（與消極義務有關）

和「無效的藥」（與積極義務有關）當中，多數派同樣都選擇犧牲一個人來拯救五個人。

在消極義務和積極義務上，多數人得出了相同的結論。

那麼，積極義務和消極義務的差異，會在什麼樣的問題中成為關鍵呢？

有一個思考實驗可以讓你體驗積極義務和消極義務的差別，我將在下一頁為各位介紹。這一題同樣由芙特提出，解開這個問題的關鍵就是積極義務和消極義務。

積極義務和消極義務

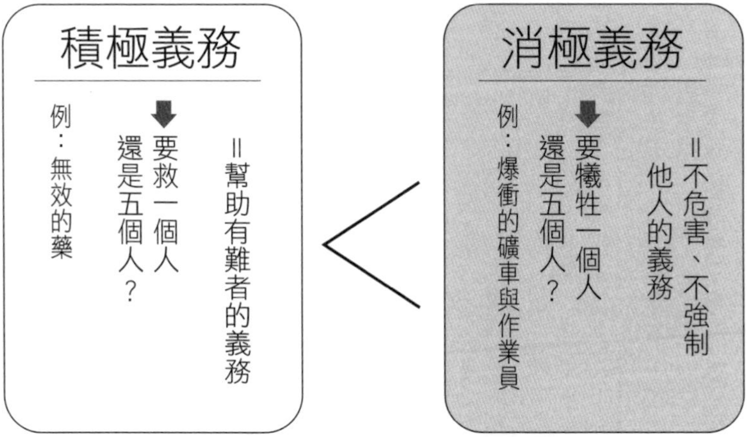
消極義務
＝不危害、不強制他人的義務
要犧牲一個人還是五個人？
例：爆衝的礦車與作業員
積極義務
＝幫助有難者的義務
要救一個人還是五個人？
例：無效的藥

消極義務有比較大的強制力。

【思考實驗No.08】

村子裡的通緝犯

某個村子正發生重大事件，為了尋找犯下重罪的嫌犯，村民變身為暴徒，各自拿起可當作武器的東西，群情激憤。

被視為嫌犯的人是外地人，因此村民即使不擇手段也要殺了他，殺紅眼地尋找他的蹤跡。

這些村民平時都是懂得尊重他人的平常百姓。

你藏匿了那個被視為嫌犯的男人，因為你知道他其實是無辜的。

化為暴徒的村民情緒失控，強行闖入各戶人家尋找嫌犯，事情一發不可收拾。

唯一可以遏止那些村民的方法，就是把無辜的外地人交給他們。當無辜的外地人被殺，事情就會平息下來。

假設你已經知道，如果什麼都不做，化為暴徒的村民就會繼續大鬧，導致五個暴徒村民在混亂中喪命。

交出無辜的外地人，或是默默看著五個暴徒村民喪命，你會選哪一個？

思考提示

實際上，我們不可能事前得知會有五個暴徒村民喪生，但唯有在思考實驗中，故事才能在這種不可能成立的設定下繼續進行。

誰都不可能事前得知會有五個人犧牲，這只不過是猜測罷了——請不要抱著這種想法。

請你不要懷疑題目中既有的設定，就這樣繼續思考下去。

如果單純要比較人數，就會選擇犧牲那一個人。

然而，在這一題中，多數人會選擇犧牲五個暴徒村民。一般來說，人們會認為錯不在無辜的外地人身上，而是那些搞錯對象又恣意大鬧的村民。此外，明明知道無辜的外地人會被殺，卻還把他交出去，這種行為也會帶來強烈的罪惡感。

把無辜的外地人交給暴徒村民，會違反不危害他人的消極義務。

看著五個暴徒村民受害，則是違反幫助他人的積極義務。

由於消極義務的強制力比積極義務大，所以多數派會選擇保護那一個人。

芙特也認為在這個題目中，把無辜的外地人交給暴徒村民是不應該的。

●當兩種義務互相衝突時

在「爆衝的礦車與作業員」中，不可以犧牲一個人的消極義務，和不可以犧牲五個人的消極義務衝突。

由於同一種義務在同樣的條件下產生衝突，剩下的就是為了減少犧牲而拿受害人數來比較，所以多數人會選擇犧牲一個人來救五個人。

在「無效的藥」當中，必須救一個人的積極義務和必須救五個人的積極義務互相衝突。由於是同一種義務發生衝突，所以這一題和「爆衝的礦車與作業員」一樣，人們傾向做出減少犧牲的選擇。

然而，在「村子裡的通緝犯」中，不可以犧牲一個人的消極義務，和必須拯救五個人的積極義務互相衝突，所以無法想得像前兩個例子那麼簡單。

同樣地，「爆衝的礦車、作業員與胖子」中也有兩種義務互相衝突，亦即不可以把胖子推到橋下的消極義務，以及必須拯救五條生命的積極義務。由於消極義務比較有強制力，所以許多人會對把胖子推下去的行為感到抗拒。

消極義務就是如此深植在我們心中。

「村子裡的通緝犯」中的消極義務和積極義務

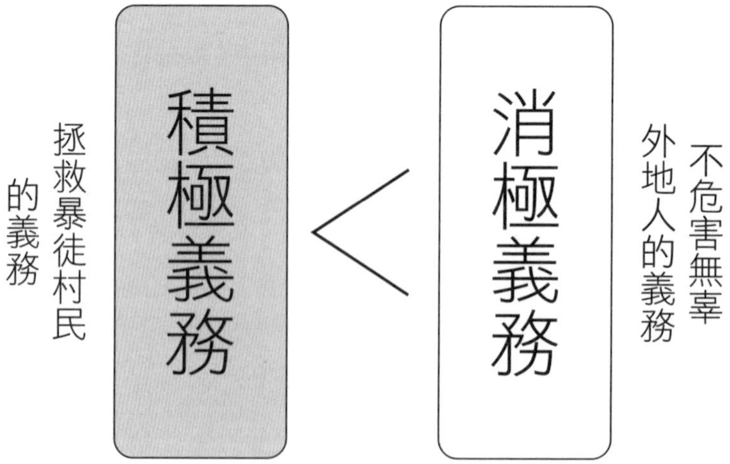

第 2 章

自相矛盾的悖論

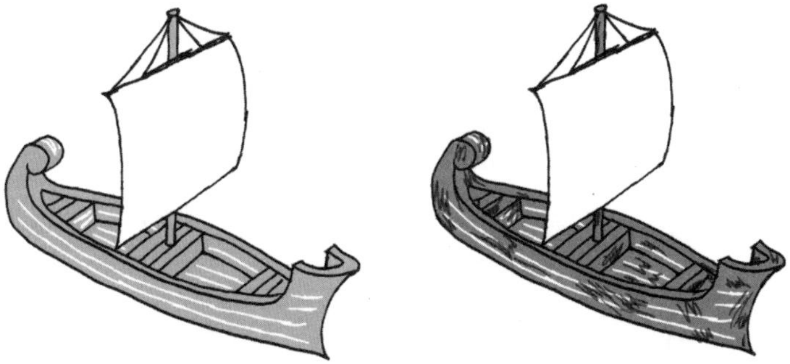

用不可思議的悖論訓練思考能力

這一章，我們要來思考悖論（paradox）和兩難問題（dilemma）這種讓人不知道該如何是好的矛盾題目。

悖論是指反覆進行看似正確的推論之後，卻得到令人難以置信的結論並構成矛盾的命題。

另外，兩難問題則是指魚與熊掌不可兼得的狀況。日常生活中也有很多兩難問題，像是收到想吃的蛋糕，但不巧正在減肥，或是不工作就無法養家，但也不能疏於照顧孩子等等。

以上的解釋可能不好懂，讓我們來看看實際的例子。

現在有一百塊積木堆成一座山，即使從中拿掉一塊積木，積木山還是存在。再拿掉一塊，積木山稍微縮小了，但還是積木山。

換句話說，就算從積木山中拿掉一塊，積木山還是留存著。

接下來，把積木一塊接一塊地拿掉，最後終於只剩下一塊。那麼，這塊積木還能算是積木山嗎？

再來看看其他例子。

這裡有一位無所不能的全能者。有人問他：「既然你無所不能，那就創造出一隻連你都打不倒的強大怪物給我看！」

這下子可麻煩了，全能者必須要能創造出連他自己也打不倒的怪物，但要是有個打不倒的敵人，就不能算是全能者了。這樣的話，全能者該不該創造出這種怪物呢？

愈是思考這些問題，大腦好像會愈疲累，但我想你應該會覺得它們莫名地有趣。悖論和兩難問題的思考實驗會讓大腦產生好奇心，刺激我們絞盡腦汁深入思考。

【思考實驗No.09】

忒修斯之船

和雅典的年輕人一同歸來的忒修斯之船，被雅典人慎重地保管著。

每當忒修斯之船出現腐壞，工匠就會用新的木材來替換，細心地將這艘船保存了一段很長的時間。用來建造忒修斯之船的技術傳承了下來，這艘船便是以當時的技術並根據原始設計圖來慎重進行修理的。

回過神來，人們才發現當年忒修斯之船所用的木材已經全部替換過了。

某人說：

「因為當年使用的木材全都替換過了，所以這艘船已經不能叫做忒修斯之船，它和當年的忒修斯之船是不同的船。」

另一個人說：

「重建的忒修斯之船才是真貨」的想法

使用相同的木材＝同樣是忒修斯之船

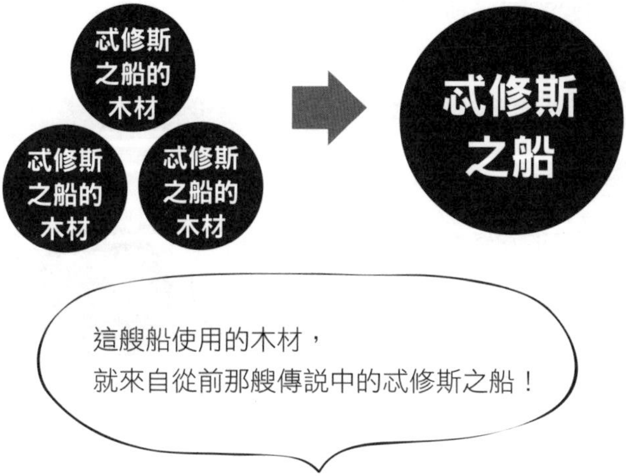

「不，這艘船就是忒修斯之船，因為它一直被當作忒修斯之船來保存，也基於相同的目的反覆進行修理。看到修理過的忒修斯之船的人，都會說它就是忒修斯之船。」

工匠們心想，應該可以用所有替換下來的木材再打造另一艘船，所以就把替換下來的木材重新組合，建造出另一艘忒修斯之船。

儘管它破破爛爛的，但它所使用的木材，確實屬於那艘傳說中的忒修斯之船。

知識分子們看到這兩艘船，開始討論哪一艘才是真正的忒修斯之船。

有人說：

「重建的這一艘才是忒修斯之船，

「修理過的忒修斯之船才是真貨」的想法

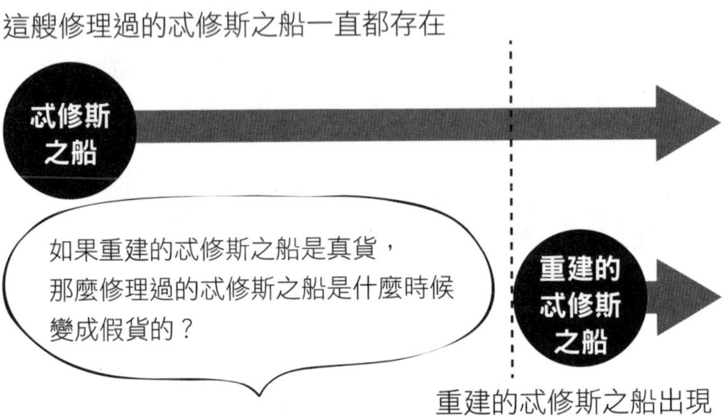
這艘修理過的忒修斯之船一直都存在
忒修斯之船
如果重建的忒修斯之船是真貨，那麼修理過的忒修斯之船是什麼時候變成假貨的？
重建的忒修斯之船
重建的忒修斯之船出現

雖然已經腐朽了，但既然它是用傳說中那艘船的木材打造而成，當然就是忒修斯之船。修理過的忒修斯之船是複製品。」

另一個人說：

「不，重建的船不能稱為忒修斯之船，因為修理過的忒修斯之船才是真貨。它一直在這裡，一路被修整到現在。要是今天突然出現另一艘忒修斯之船，那就頭痛了。

既然你說重建的船才是真正的忒修斯之船，那去年和前年在這裡的忒修斯之船是假貨嗎？這艘修理過的忒修斯之船，是從什麼時候開始變成假貨的？」

到底哪一艘才是真正的忒修斯之船？

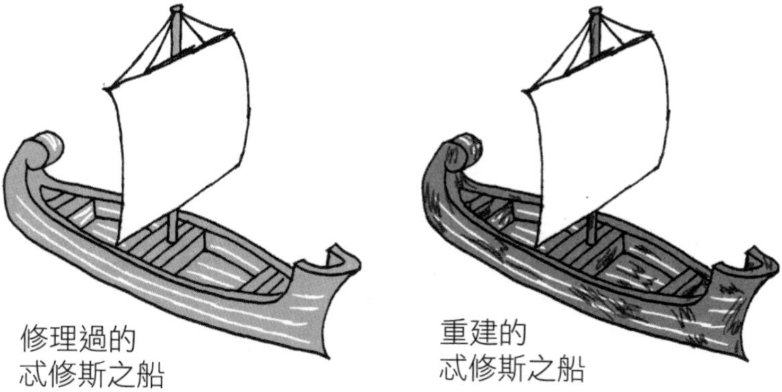
修理過的
忒修斯之船
重建的
忒修斯之船

思考提示

這一題源自羅馬時期希臘哲學家兼作家普魯塔克（Plutarch）所創作的傳說，是個流傳到現代的知名故事。

在這則思考實驗中，關鍵在於要用什麼標準來判斷眼前的船和傳說中的忒修斯之船是同一艘。

當所有零件和木材全部換新，修理過的船還算是同一艘船嗎？

說到底，所謂的「相同」到底要以什麼為標準呢？

舉例來說，如果有人問你：「哪裡可以買到和你手上這本相同的書？」你

傳說中的忒修斯之船「相同」的標準是什麼？

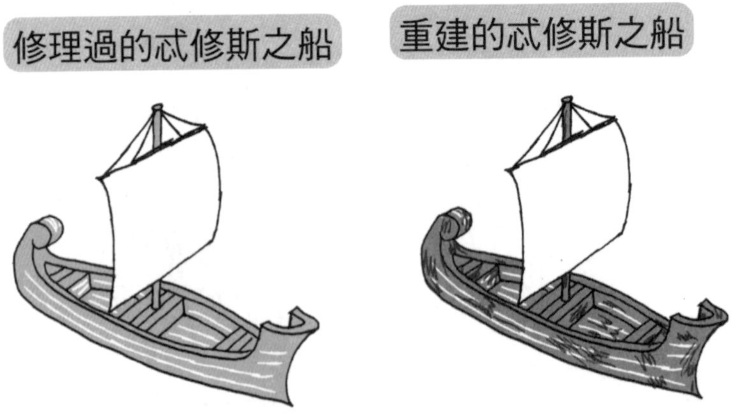

哪一艘和當年的船「相同」？

應該會回答亞馬遜之類的網路商店或實體書店都有在賣。

但是，真的有其他書籍和你手上這一本是同一本嗎？

就以上這個例子來說，如果能在網路商店或書店買到書名相同的書，應該就可以視為買到同一本書。若用忒修斯之船來比喻的話，對方買到的書不必像重建的忒修斯之船一樣，非得使用你手上這一本的紙張來印製。

當你帶著某本書去書店，請店員給你一本相同的書時，要是店員回答「沒有其他書籍和你手上這一本相同」，你應該會很疑惑他到底在說什麼吧？

接著，讓我來假設你手上這本書是知名藝人的書，那位藝人為你在那本書上簽了名。

如果你今天是拿這個簽名去給書店店員看，請他給你一本一樣的書，那麼你應該會覺得剛才那句「沒有其他書籍和你手上這一本相同」是正確的。最起碼，許多人都會做出「書店裡的書和你手上這本不同」的判斷。

當時機和情況不同，「相同」的定義也不一樣。

「同一本書」的定義會因為判斷標準不同而改變

●目的上的「相同」

若書名一樣，就是同一本書

●狀態上的「相同」

若都是新品，就是同一本書
有簽名和沒有簽名的書不同

●形狀上的「相同」

外觀看起來沒有差異，就是同一本書

●所有權上的「相同」

我擁有的書和其他人擁有的書不同

●從時間經過來看的「相同」

這本書十年前就在這裡了，的確和十年前是同一本書

●本質上的「相同」

同樣的書只有一本

那麼，如果換成忒修斯之船，該用什麼來當作「相同」的判斷基準呢？以下就讓我們針對「船」來思考什麼是「相同」。

每天早上十點，都會有一艘船從A地點航向B地點。

你在六月十五日搭這艘船移動到B地點，投宿在附近的飯店。隔天，你的家人搭同一班船，到B地點和你會合。

這時，我們所說的同一班，是指「每天早上十點，從A地點開往B地點」的這個性質，即使今天的船和昨天的船並不是同一艘，我們還是會說那是同一班船。

「相同」是以什麼為基準？

每天早上十點從 A 地點開往 B 地點的船

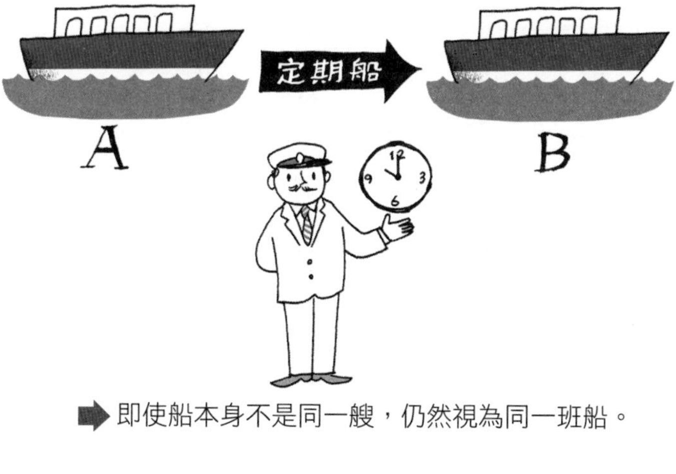

➡ 即使船本身不是同一艘，仍然視為同一班船。

若用書的例子來比喻，只要用於同樣的目的，就可以說是同一艘船。

●修理過的忒修斯之船才是真貨

從以上這一點來看，修理過的忒修斯之船才是真貨，因為它和原本的忒修斯之船具備相同的功能，能達成相同的任務。

只有修理過的忒修斯之船，才能像當年的忒修斯之船一樣浮在海上航行。相較之下，重建的忒修斯之船一放到海上就會沉沒。

另外，自從忒修斯之船出現在雅典以來，修理過的忒修斯之船就一直存在。

經過一點一點地修理，許多人守護著這艘傳說中的忒修斯之船，而隨著時光流逝，這艘船一直留存到現在，這是不容置疑的事實。

如果說重建的忒修斯之船才是真貨，就是在否定人們一直以來為了守護這艘忒修斯之船而付出的所有心力。

假如修理過的忒修斯之船不是真貨……

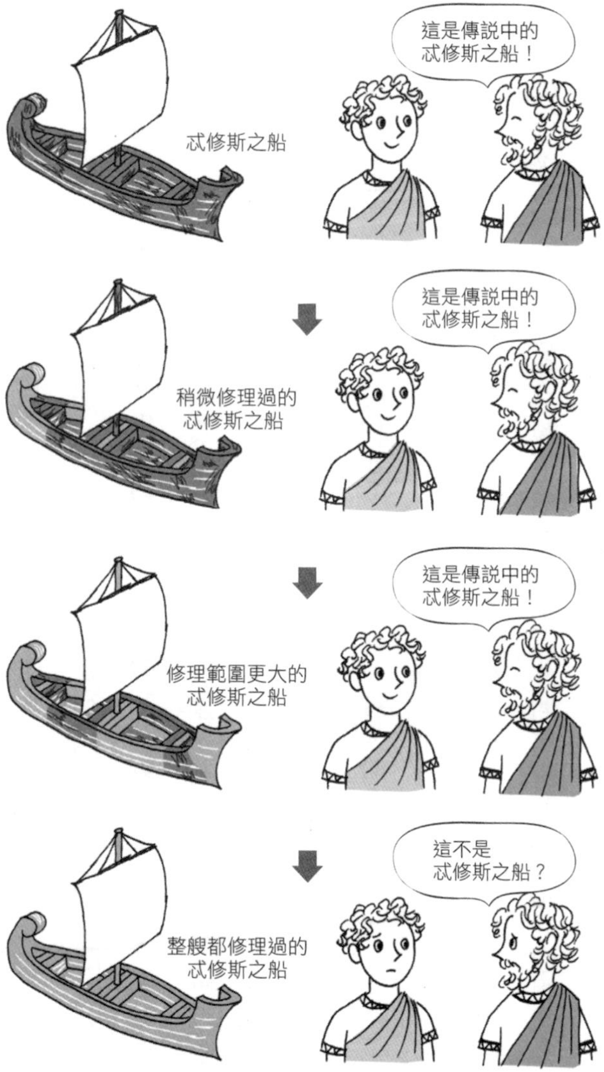
忒修斯之船
這是傳說中的忒修斯之船！
稍微修理過的忒修斯之船
這是傳說中的忒修斯之船！
修理範圍更大的忒修斯之船
這是傳說中的忒修斯之船！
整艘都修理過的忒修斯之船
這不是忒修斯之船？

很難判斷它從何時開始變成了不同的船。

●重建的忒修斯之船才是真貨

某位研究員想要調查當年和雅典的年輕人們一同歸來的忒修斯之船，從遺留在船上的痕跡來了解當時的歷史背景。那麼，他該調查哪一艘船呢？

如果研究員調查修理過的忒修斯之船，應該會有人說他調查的對象錯了吧？若考慮到歷史價值，當然要把用原本的木材重建的忒修斯之船視為真貨，以它為調查對象。

若套用在書的例子上，就是把本質當作「相同」的基準，認為同一本書在世界上就只有一本，即使使用相同材質的紙，印著一字不差的文字，也不能稱為同一本書。

讓我們再從其他角度來看。假設你在海上遇難，被一艘漁船救了起來。之後，你在看海時，發現一艘外表和那艘漁船非常相似的船。如果有人問：「它和那艘救了你的船是同一艘嗎？」你應該會回答：「型號相同，但不見得是同一艘船。」

用書的例子來比喻的話，這和有親筆簽名的書很像，即使船的型號和外觀相同，但救過你的船就只有那一艘，其他的都是不同的船。

從某些角度來看，重建的忒修斯之船才是真貨

據說這些是原本的
忒修斯之船用過的木材。
是喔……
收集了好多啊！
怎麼突然出現
第二艘忒修斯之船？
身為學者，
我認為這一艘
比較有價值。

把同樣的邏輯套用在忒修斯之船的話，即使所有木材在修理時全都替換過了，但修理過的船確實是救過你的那一艘。

可是，重建過的船上或許還留有它救了你時所留下的痕跡，也只有這艘重建過的船，用了你雙腳踏過的木材。

這樣一想，讓人好想把這兩艘船都當作那艘救了自己的船。

如上所述，當用來判斷「相同」的基準不同，答案也會跟著不同。

「相同」會隨著時間和情況不同而改變。

由於我們把不同種類的「相同」放在一起比較，所以才讓忒修斯之船成了一個很難判斷的問題。忒修斯之船的答案，端看你的價值觀和判斷基準。

【思考實驗No.10】

阿基里斯悖論

知名的飛毛腿阿基里斯要和烏龜賽跑，但由於阿基里斯的腳程比烏龜快太多，所以他讓步給烏龜，從烏龜身後稍遠處起跑，於是便發生了以下的現象。

起跑時，假設烏龜所在之處是A點，當阿基里斯跑到A點時，烏龜正在更前面一些的B點。接著，當阿基里斯抵達B點時，可以確定烏龜正在更前面的C點。當阿基里斯抵達C點時，烏龜正在稍微前面一些的D點。下一秒，當阿基里斯抵達D點時，烏龜當然已經到了更前面的E點。

這個現象會永遠持續下去，也就是說，阿基里斯不管再怎麼努力都追不上烏龜，只是一直追趕烏龜先前所在的地點。

可是，阿基里斯真的追不上烏龜嗎？

思考提示

「阿基里斯追烏龜」這個思考實驗是芝諾（Zeno of Elea）所提出的知名悖論。

阿基里斯是眾所皆知的飛毛腿，當他和烏龜賽跑，當然會在轉眼間追上烏龜。這樣的想法很自然，實際上也果真如此。

那麼，為什麼阿基里斯追不上烏龜的理論看似很有道理呢？實際上，阿基里斯一定會追上烏龜，所以這個理論的推導過程應該出了什麼錯才對。

當阿基里斯抵達A點時，烏龜的確在B點。當阿基里斯跑到B點、C點和D點時，烏龜的位置也確實比阿基里斯更前面。

如此的過程若重複一百次，烏龜還是領先阿基里斯。這樣一來，阿基里斯不管過多久都追不上烏龜。

那麼，這個論點究竟是在描述什麼狀況下的阿基里斯與烏龜呢？解開這則思考實驗的關鍵就在這裡。

阿基里斯追不上烏龜時，兩者的位置關係

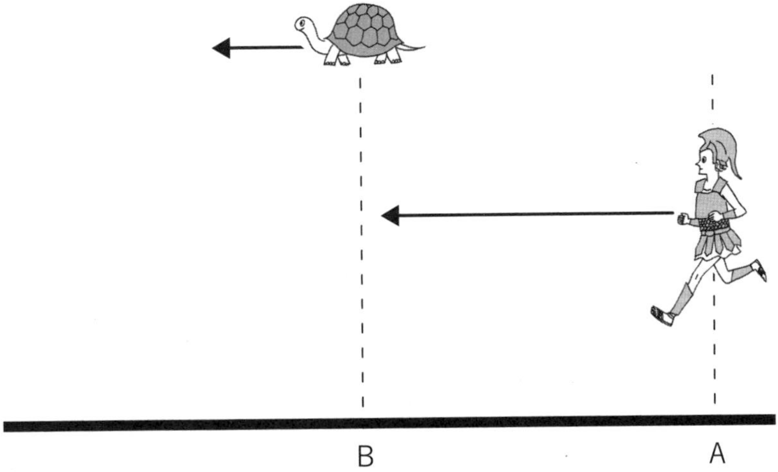

阿基里斯抵達 A 點時，烏龜正在更前面的 B 點

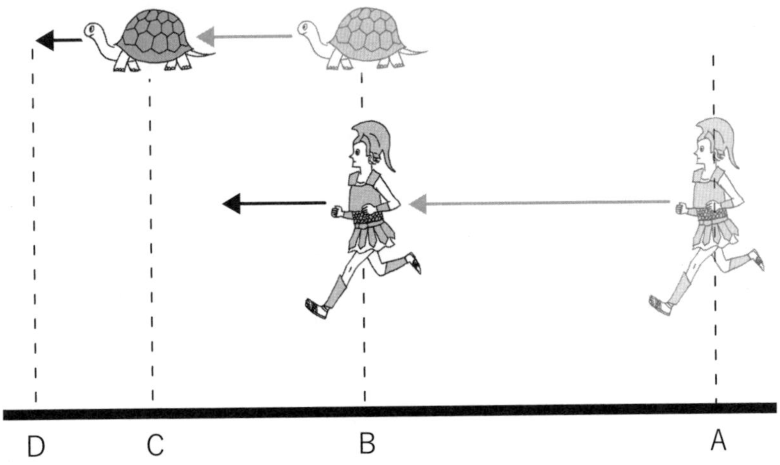

阿基里斯抵達 B 點時，烏龜正在更前面的 C 點

阿基里斯之所以追不上烏龜，是因為這個理論沒完沒了地詳述阿基里斯追上烏龜之前的情況。

假設阿基里斯會在起跑後十秒追上烏龜。那麼，起跑五秒後，阿基里斯追上烏龜了嗎？還沒有吧！

起跑六秒後呢？七秒後？八秒後？九．九秒後呢？這時也還沒追上吧！

換言之，阿基里斯追不上烏龜的理論，只不過是把追上之前

阿基里斯追上烏龜時，兩者的相對位置

在阿基里斯追上烏龜之前，烏龜一定領先

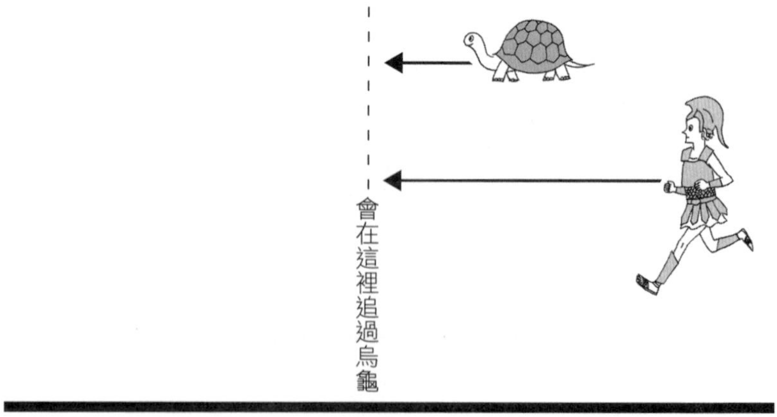

阿基里斯悖論只是不斷在重複追上之前的過程

的每一幕切割得很細很細而已。

在阿基里斯還在追烏龜的情況下，無論何時，烏龜永遠都是領先的。就算阿基里斯跑得再怎麼快，還是禁不起被人家像這樣分解並檢驗他追上烏龜之前的過程，畢竟他不可能在追上烏龜之前就追上嘛！

【思考實驗No.11】

五億年按鈕

菅原壯太（官方網站：http://www.soogle.biz/）創作的CG漫畫《大家的東尼奧》中收錄了一則名叫〈打工（BUTTON）〉的短篇故事，五億年按鈕就是出自這個故事。

＊

小福和技太正在找輕鬆的打工。

在他們的逼問下，東尼奧便介紹了一個工作機會。

五億年按鈕

東尼奧先強調：「我不知道這個打工算不算輕鬆。」然後便說出有個可以在一瞬間賺進一百萬圓的打工機會。

小福和技太聽了大吃一驚，東尼奧繼續說明：

・工作內容很簡單，無論是誰都辦得到。
・只要按一下按鈕就好。
・按下按鈕之後，會有一道微弱的電流流過，讓按下按鈕的人瞬間移動到一個什麼都沒有的空間。
・按下按鈕的人，要在那個空間度過五億年。

五億年按鈕的打工內容

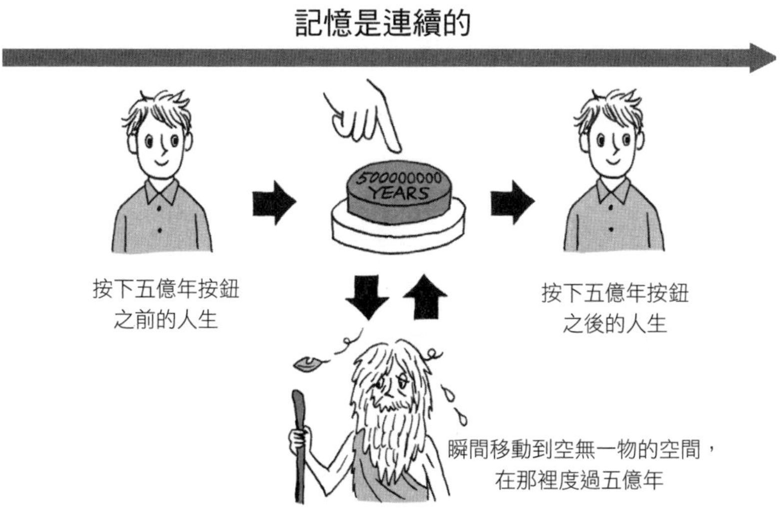

這五億年在原始世界中像是一瞬間，連記憶都不會留下

「這個打工就是要一個人活在什麼都沒有的空間裡。你們要做嗎？為了一百萬。」

根據東尼奧的說明，在那五億年當中，人的意識是清醒的，不能睡覺，也死不了。

但是，五億年分的記憶會在結束的那一瞬間全部消失，回到按下按鈕那一瞬間的狀態。

然後，你會覺得：「這樣就結束了嗎？根本只花一秒就賺到一百萬圓了嘛！」

如果是你，會按下這個按鈕嗎？

思考提示

在漫畫中，技太先按了按鈕，瞬間得到一百萬。

由於五億年分的記憶全部消失無蹤，所以他甚至以為按鈕壞掉了，好像什麼事都沒有發生，也對於只要按個按鈕就能領到一百萬圓感到吃驚。後來，他又按了一次按鈕。

小福看了，也忍不住伸手去按按鈕。於是，地獄般的五億年開始了，他被傳送到一個貼滿白色磁磚的空間，飽嘗絕望、無聊與恐懼。

不過，當五億年結束，小福便完全喪失記憶，所以又開心地再次按下按鈕。

在挑選工作機會時，時薪是大家一定會確認的項目，高報酬的打工非常吸引人。

在五億年按鈕這則思考實驗中，實際會經歷的時間是五億年，算起來時薪非常低，連年薪都只有0.002圓。考慮到這一點，無論是誰都不願意應徵這份打工吧！

可是，實際上這五億年的記憶會消失，讓人覺得自己在一瞬間賺到一百萬，所以也可以想成是秒薪一百萬圓，這樣的話，肯定沒有人會拒絕。

五億年賺進一百萬圓，和一瞬間賺進一百萬圓，哪一個想法才是正確的呢？

感覺上像是一瞬間賺進一百萬圓，但其實經歷了五億年。我想，讀者們的意見應該會出現分歧吧！

●在異世界度過五億年

連續五億年都要待在什麼都沒有的空間裡，也不能睡覺，這段過於漫長的時間，對任何人來說都很痛苦和絕望。

哪一個才是正確的？

一瞬間賺進一百萬圓？

or

花五億年賺進一百萬圓？

唯一的希望就只有「過了五億年，就能回到原來的世界」這項事實。但是，光靠這個就能撐過五億年嗎？

如果有人幫你出未來一年的生活費，要你什麼都不做，也不能和任何人往來，只能發呆過日子的話，雖然一年和五億年比起來只是小巫見大巫，但你應該還是會痛苦得不想再經歷第二次，會覺得世界明明還在運行，卻只有自己受到孤立。

不過，若是待在五億年按鈕的異世界裡，你不會感到飢餓、也不會變老，異世界的一年和現實世界的一年完全不同。

在五億年的空間中，你不用擔心什麼都不做會導致身體退化，不必擔心會罹患精神疾病，不用在意別人的眼光。現實世界的時間並沒有前進，所以不需要擔心肉體損壞和社會變遷，包括記憶在內，所有的一切都會恢復原狀。所以，只要你能撐過五億年，之後的事完全不用擔心。

這樣一想，社會的眼光、肉體的變化和經濟困境都不是問題，問題只剩下精神上的痛苦而已。

假如這五億年內可以一直喪失意識的話，那麼問了一百個人，應該有一百個人願意應徵這項打工。當然了，前提是大家都相信東尼奧說的話。

也就是說，在選擇按下按鈕的情況下，問題只在於持續五億年的意識。如果沒有意識的話，即使要度過五億年也不是問題。

●選擇按下按鈕的人

選擇按下按鈕的人可能是這樣想的：

按下按鈕之後過了五億年，記憶就會完全消失，所以感覺上像是一百萬圓瞬間就入袋。如果把這個按鈕按十下，一下子就可以得到一千萬圓，根本沒理由不做。

讓我假設你剛才按了什麼按鈕，儘管你沒發現，但那其實是五億年按鈕。

雖然你按了五億年按鈕，但你明明就沒有發現，也絲毫不覺得痛苦，對吧？

這樣一想，按下五億年按鈕的動作並不會為現實生活帶來任何變化。即使連續五億年都要待在什麼都沒有的空間飽受痛苦，但那都是過去的事了。再說，自己根本就不記得，所以也稱不上是過去的記憶。

如果問我花了多少時間賺到一百萬圓，我當然會認為是一瞬間就賺到了。

●選擇不按下按鈕的人

另一方面，選擇不按下按鈕的人可能是這樣想的：

即使記憶會全部消失，感覺上像是一瞬間賺進了一百萬圓，但實際上還是過了難以忍受的五億年。

假設人的一生有一百年，那麼五億年就長達人生的五十萬倍。要在空無一物的空間中忍受著孤獨和無聊度過五億年，光是想像就覺得可怕。承受這麼大的痛苦，卻只賺得到一百萬圓，實在不合算。

所以，結論是不值得為了領一百萬圓來承受這五億年。

如果你問我這一百萬圓要花多少時間去賺，我認為是五億年，所以當然也就不可能選擇按下按鈕。

以上這兩派意見的差別，在於重視結果還是重視過程。

如果只考慮結果，就沒有理由不做這份打工。身體不會衰老，也不會留下心靈創傷，只有按下按鈕之前的記憶延續下來，使得「按個鈕就領到一百萬圓」的記憶深深烙印在腦海中。

五億年分的記憶絲毫沒有留下。也許按下按鈕前的那一瞬間會感到恐懼，但按下去之後不會有感覺，只記得一下子就可以拿一百萬圓。

若換成重視過程的人，即使感覺上好像輕鬆賺進了一百萬圓，但五億年實際上還是存在，只要按下按鈕，就一定要經歷那五億年。

那是個年薪0．002圓的世界，即使你再怎麼發狂也死不了，亦無法中途退出。明知會嘗到這麼大的痛苦，還要為了區區的一百萬圓接下這份打工嗎？

即使感覺上只是一瞬間，但實際上還是要體驗五億年，這樣的話，那一瞬間確實是五億年。

在這則思考實驗中，你是哪一派呢？

【思考實驗No.12】

時光機的故事

一說到未來的科學技術就會想到時光機，應該有很多人都想利用它吧！在這裡，讓我們來做個和時光機有關的思考實驗。

時光機有辦法存在嗎？如果未來有人發明時光機，也許會發生以下的事情。在這種情況下，現實會發生什麼變化呢？

＊

阿光的母親在生下阿光的三年前罹患重病，就連現代的醫療技術也束手無策。她被醫生宣告只剩下一年可活，連命都保不住，更別說要生下阿光了。

半年後，一個來自未來的少年帶著特效藥來給阿光的母親。在她被宣告壽命僅剩不多的十五年後，特效藥問世了，帶著特效藥來到現代的少年就是阿光。

阿光坐時光機回到自己尚未出生的時候，救了母親的性命。如果阿光沒有來，母親就會真的喪命，而這位得救的母親後來順利生下了阿光。

要怎麼解釋這個故事中的矛盾呢？

阿光與時光機

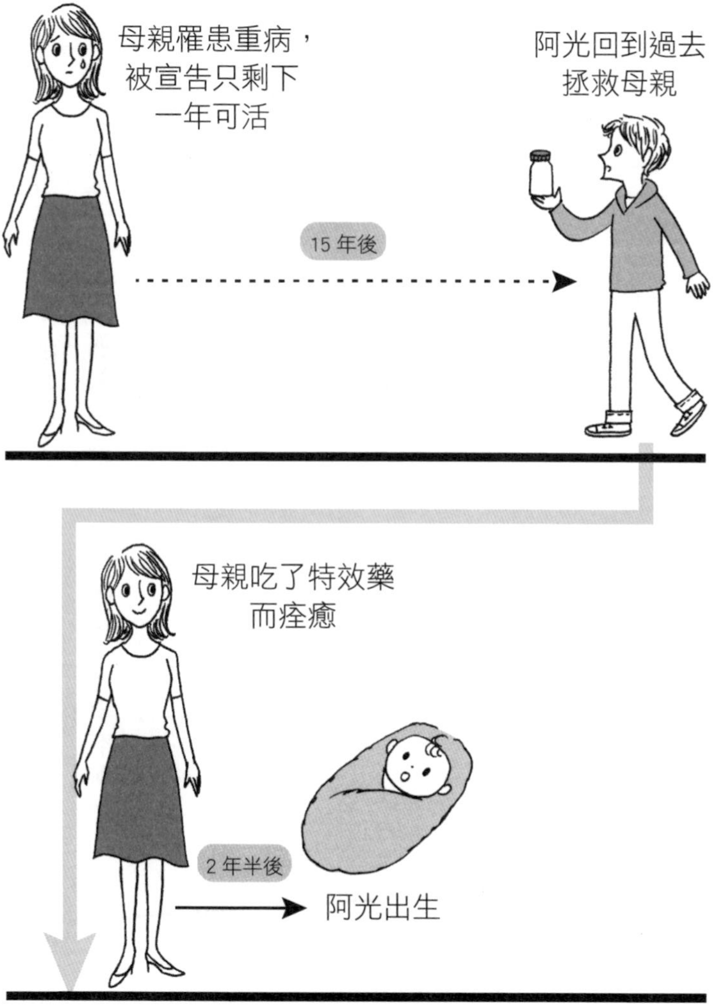

母親罹患重病，
被宣告只剩下
一年可活
阿光回到過去
拯救母親
15 年後
母親吃了特效藥
而痊癒
2 年半後
阿光出生

阿光是何時出生的？

思考提示

如果阿光的母親真的病死，阿光就不會出生，也無法坐時光機前來拯救母親。假如阿光能夠坐時光機送藥給母親，那麼她就可以克服病魔，並生下阿光。

在這個故事中，阿光的母親在生下阿光之前就離開人世，所以阿光當然沒有出生，不存在的阿光不可能送藥給母親。

那麼，如果阿光拯救的對象換成妹妹呢？

【思考實驗No.13】

時光機的故事（二）

阿光才十歲的時候，當時五歲的妹妹就生病過世了。時光飛逝，當阿光滿三十歲時，終於找到特效藥可以醫治妹妹當年罹患的疾病。

阿光搭乘才剛問世的時光機回到五歲的妹妹身邊，讓她吃下特效藥，於是妹妹在戰勝病魔後活了下來。

假如有時光機的話，感覺很可能會發生這種事。可是，如果是這樣的話，在阿光十歲到三十歲的期間，他的妹妹人在哪裡？

思考提示

如果阿光坐時光機送藥給妹妹，她就不會死，可以和阿光一起生活。可是，在這個情況下，該如何解釋阿光沒有妹妹的那二十年呢？此外，阿光十歲的時候，應該已經知道二十年後有了時光機，長大後的自己會帶著特效藥來拯救妹妹。

從這個角度來想，未來社會有時光機的可能性就變得非常低。如果未來的某一天有人發明了時光機，那麼就算有那個年代的人穿越時空來到現代也不奇怪，可是卻沒有聽到類似的傳聞。

另外，假如穿越時空的技術被開發出來，說不定會發生這種事：

在A公司開發出時光機以後，敵對的B公司員工學會時光機的製作方式，再搭乘時光機回到過去，把發明時光機的方法告訴過去的B公司職員，搶先在A公司之前做出時光機並公開發表。然後，C公司和A公司又做了同樣的事，沒完沒了。

阿光與時光機（二）

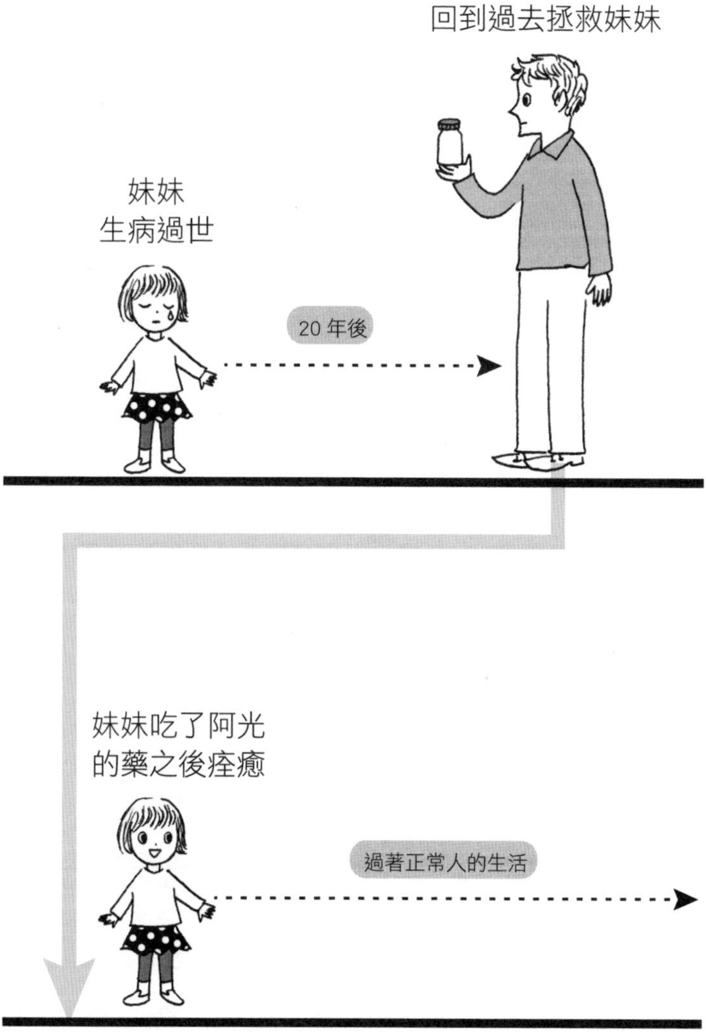
回到過去拯救妹妹
妹妹
生病過世
20 年後
妹妹吃了阿光
的藥之後痊癒
過著正常人的生活

就連相信時光機存在的專家們也提出各種見解，有人認為搭時光機回到過去時會是另一個時間軸，人們去到的是另一個和真實世界一模一樣的世界，也有人認為必須限制人們不可以利用時光機改變過去。

哪一個才是正確的？

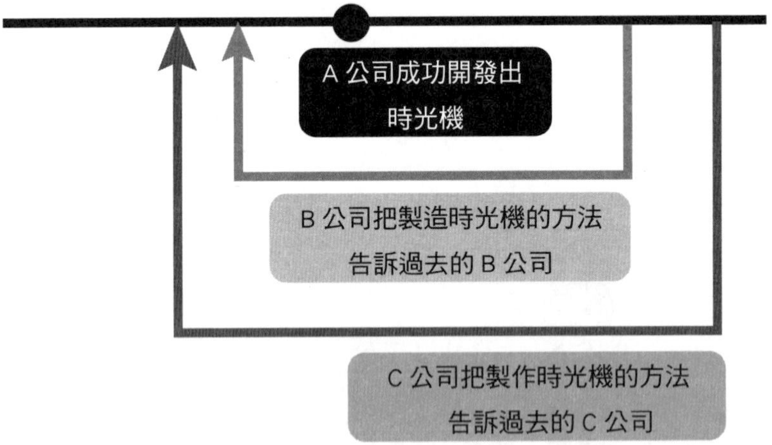

A 公司成功開發出時光機
B 公司把製造時光機的方法告訴過去的 B 公司
C 公司把製作時光機的方法告訴過去的 C 公司

➡ 到最後，究竟是哪一家公司發明了時光機？

【思考實驗No.14】

時光機的故事（三）

假如有人回到過去，不讓自己出生，會發生什麼事？

＊

拓郎很討厭父母，尤其是會家暴的父親。某一天，有人發明了時光機，拓郎便搭乘時光機回到過去。他認為，只要父親的雙親（也就是拓郎的祖父母）沒有相遇的話，就不會生下那種父親。他從中作梗，讓祖父母無法相遇並走上不同的路，而拓郎的父親當然也就沒有出生。

可是，問題來了。既然拓郎的父親沒有出生，拓郎當然也不會出生，無法搭乘時光機阻止祖父和祖母相遇、結合。

然而，一旦如此，拓郎就會出生，並因為怨恨父親而搭上時光機妨礙祖父和祖母相遇，讓兩人走上不同的路，父親也就不會出生。

最後，拓郎的祖父和祖母究竟會不會相遇？

思考提示

時光機在許多動畫作品、電影和遊戲中都有登場，可以解決各種困難的事件，挽救人命甚至拯救世界，相當活躍。

可是，當我們像這樣一路探究到現在，就發現時光機的存在將會引發許多矛盾，而這則〈時光機的故事（三）〉同樣也否定時光機的存在。

再舉個例子，假設想要自殺的A搭乘時光機去找五分鐘前的自己，並且殺了不敢自我了斷的自己。

這時，A的生命就到了盡頭，五分鐘後的A將不復存在。那麼，來殺A的人究竟是誰？

不過，如果改成穿越時空去到未來會怎麼樣？假如是殺了五分鐘後的自己，就不會產生矛盾。

如果A殺了五分鐘後的自己，那麼五分鐘後，過去的他就會現身殺了自己。搭乘時光機回到過去會產生矛盾，但如果是前往未來，似乎就不會發生這樣的矛盾。

人有辦法殺了自己嗎？

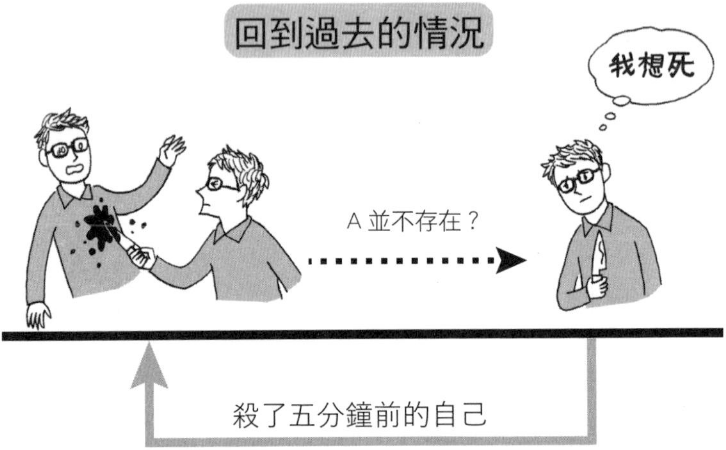
回到過去的情況
我想死
A 並不存在？
殺了五分鐘前的自己

前往未來的情況
我想死
殺了五分鐘後的自己

➡ 若是殺了未來的自己，就不會產生矛盾。

不過，在這個例子中，如果A在一分鐘後感到害怕，讓一分鐘後的自己遠走高飛會怎麼樣？時光機這種東西相當複雜啊。

拓郎的故事也是這樣，當拓郎以不讓父親出生的形式抹殺父親的存在，拓郎就不會出生。如此一來，就沒有人抹殺父親的存在，導致父親平安出生。

然而，這樣拓郎就會出生……於是形成了矛盾。

假如未來真能開發出時光機的話，怎麼想都覺得它一定會有各式各樣的限制，例如規定不可以改變過去、不能讓過去的人知道自己來自未來，或是設計成不會被過去的人發現。

你相信未來有時光機嗎？

第 3 章

體驗到數字與直覺不一致的思考實驗

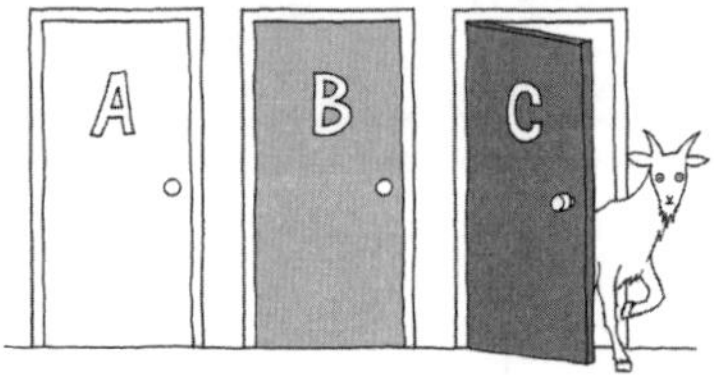

直覺會妨礙我們找到正確答案

我們在求學時期曾為了算術或數學問題絞盡腦汁，這種感覺和思考實驗很相似。

你看到和算術有關的思考實驗可能會覺得很困難而心生防備，但這只是一般的計算，並不會出現困難的數學公式。本章舉出的題目乍看之下很單純，卻能讓我們深入思考。碰到需要用邏輯思考的題目時，本書也會用圖片盡可能簡單易懂地解說。

在這裡，我們要探討的問題有許多都很特別，實際的答案和我們的直覺不同。數字彷彿設下了圈套，相當不可思議，也許會讓你的頭腦感到混亂。

比方說，三門問題就是一個知名的難題，從三道門中挑選一道是很單純的設定，但難度超乎想像。在〈不可能成立的算式（二）〉當中，則是會發生二等於一、一等於零這種奇妙的現象。

數字這種東西，就是能夠這麼輕易地騙過我們的大腦，希望各位讀者能在這一章體會到這種神奇的感覺。

【思考實驗No.15】

三門問題

在美國很受歡迎的長壽節目《做個交易吧》（Let's Make a Deal）當中，有個叫做三門問題的益智遊戲。

這個遊戲掀起了很大的爭論，但並不是因為遊戲本身有問題，爭議的起因是一篇針對這個遊戲的專欄文章。

由於節目主持人的名字叫做蒙提·霍爾（Monty Hall），因此三門問題又叫做蒙提霍爾問題（Monty Hall problem）或蒙提霍爾兩難（Monty Hall Dilemma）。

節目的遊戲內容是這樣的。

現在眼前有A、B、C三道門，挑戰者可以從中挑選一道門，藉此得到獎品。

在這三道門中，有一道門背後是豪華轎車，只要選中它就能得到轎車。剩下的兩道門則是沒有中獎，兩道門後都是山羊。車＝中獎，山羊＝未中獎，就是個這麼單純的選擇遊戲。

但是，在遊戲過程中，主持人蒙提·霍爾會提出某個遊戲策略來讓玩家動搖，這就是這個遊戲的看點。

以下就來介紹遊戲的實際內容，請各位好好享受思考實驗的樂趣。

＊

好的，遊戲開始。現在你是這個遊戲的挑戰者，請你從三道門當中選出一道，其中一道門後面是轎車，另外兩道門後則是山羊。

假設你選了A這道門。

接著，主持人為了製造節目效果，打開剩下兩道門（B和C）的其中一道。

這時，主持人已經知道正確答案，一定會打開沒中獎的那道門。假如你選的A是正確答案，那麼主持人會從沒中獎的兩道門當中隨機選一道打開。

假設這一次打開的門是C，由於這道門沒有中獎，所以當然會出現山羊。

這樣一來，背後有轎車的門就是A或B了，選項從三個變成兩個。

然後，主持人對你說：

「你可以改變心意選另一道門。」

也就是說，現在你可以改選B這道門。那麼，你應該改變心意嗎？

請你仔細思考看看。

目前已經知道C是山羊，只剩下A和B。

要選A還是B，抽中轎車的機率才會比較高呢？

還是說，兩道門的中獎機率都一樣呢？如果是這樣，就會覺得還是維持原本的選擇比較好。

你會選哪一道門？

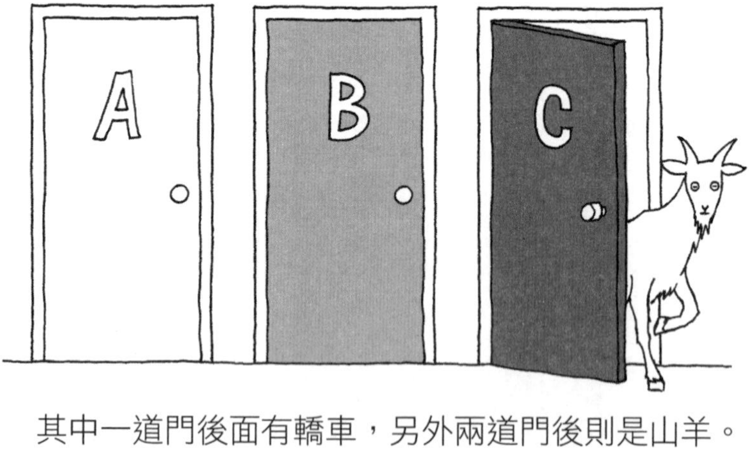

其中一道門後面有轎車，另外兩道門後則是山羊。

思考提示

據說，在實際的節目中，有很多挑戰者都沒有改變原本的選擇。理由是「既然兩道門其中有一道是轎車，那機率各是二分之一，沒有必要改答案」，以及「要是聽主持人的話改答案，因此錯失中獎機會的話就太不甘心了，如果是因為自己的選擇而沒有中獎還比較好一點，所以我不會被主持人誘惑的」。

也就是說，人們不想要因為主持人的話而動搖，選了沒有中獎的門而更加後悔。既然中獎機率是一半一半，那就要相信自己的直覺——這樣的理由聽起來也很有道理。

轎車就在A或B的後面，讓人覺得中獎機率都一樣，但真是如此嗎？

其實，這個三門問題之所以有名，就是因為人們根據直覺所得到的答案，和經過數學計算所得到的答案不同。

我前面提過這個遊戲曾經掀起論戰，所以可能有很多讀者會懷疑，難道中獎率並非一半一半嗎？

人的直覺會認為A和B的中獎機率都是二分之一，但實際上並非如此。

關於這個問題，有許多數學家也和人們的直覺一樣，主張A和B的中獎機率都是二分之一，引起了很大的爭論。

爭論的源頭來自美國女作家莎凡（Marilyn vos Savant），她在自己連載的專欄《請問莎凡》（Ask Marilyn）中寫到：「A和B的中獎機率不一樣高，挑戰者最好改變選擇，讓中獎機率變成兩倍！」

對此，許多抗議聲浪都認為莎凡錯了。據說抗議者中有不少人是數學家，儘管那些數學家當中有人對遊戲規則有所誤解，但莎凡收到的投書仍然多達一萬多封。

然而，最後得出的結論是莎凡提出的答案才是對的，改選另一道門的話，中獎機率的確會變成兩倍。

●【解說1】

第一次選擇時，A、B、C三道門的中獎機率各是三分之一。

當你選了A，這時候機率確實是三分之一，到這裡並沒有問題，問題在於後續。

主持人打開C，讓你知道那道門沒有中獎。由於他是故意打開不會中獎的門，所以有一個選項會確實遭到剔除。

這時，C原本的三分之一機率去哪裡了？

你可能會覺得問題不在這裡，但正確答案是這三分之一的機率會加到

每一道門的中獎機率

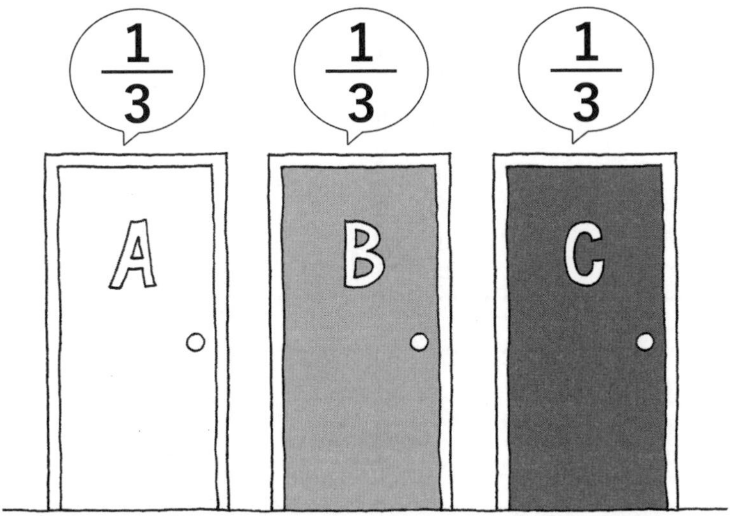

B上面（後來，電腦所做的實驗證實了這一點）。

以直覺來說，很多人都認為確定C沒有中獎之後，機率會變成一半一半。

當主持人說可以改變選擇時，挑戰者要再次從兩道門中擇一。挑戰者會認為既然是二選一，機率應該各是二分之一才對，但實際上，B的中獎機率是A的兩倍。光是這樣解釋，讀者們應該還是不懂，所以我準備了另外一個例子來解說。

現在這裡有A、B、C三道門，其中一道門後面是轎車，另外兩道門後則是山羊。若選中門後有轎車的那一道門，你就能獲得一台轎車。到這裡都和前面的遊戲一樣。

身為挑戰者的你，可以從下列兩個選項中擇一。

選項一：若A是正確答案，你就可以贏得一台轎車。

選項二：若B或C其中之一是正確答案，你就可以贏得一台轎車。

那麼，你會選哪一個呢？

這次的情況和一開始的題目不同，選項只有兩個，可以理解成要單選A，或是同時選擇B和C。

你會選擇這兩個選項中的哪一個？許多人應該都會選擇選項二吧？

這樣的選擇是理所當然的，因為選項二的中獎機率是兩倍。

請你參考下圖。從圖中可以看出，選擇選項二「若B或C其中之一是正確答案，就可以贏得一台轎車」的中獎機率比較高。

要單選A，還是同時選擇B和C？

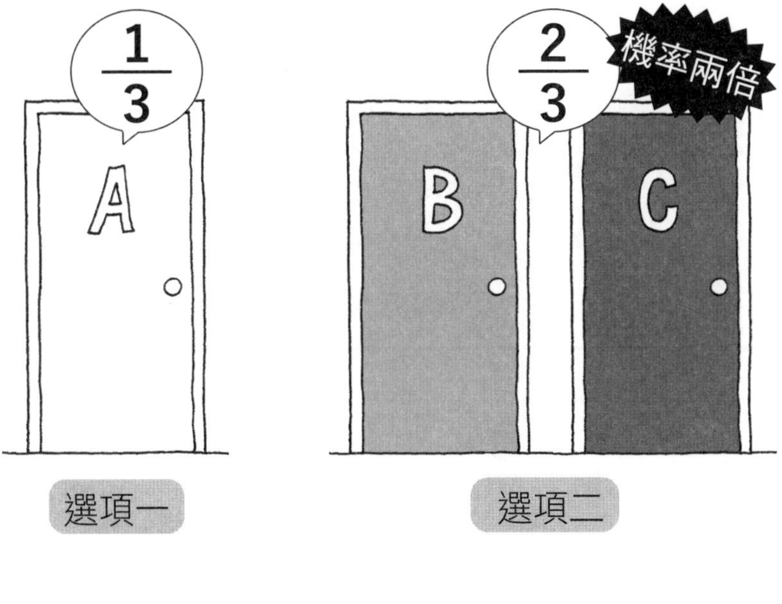

選擇選項一「若A是正確答案，就可以贏得一台轎車」的中獎機率是三分之一，但選項二的話，只要B或C其中一個是正確答案就行了，所以機率是三分之二。

這樣的話，人們自然會想要選擇選項二，選擇選項一的人相當冒險。

在美國電視節目《做個交易吧》當中，主持人會提出一個遊戲策略，告訴挑戰者B或C當中哪一道門沒有中獎。換言之，這樣就變成是要單選A，或是從B或C當中刪掉沒有中獎的選項並選擇剩下的那一個，可以視為前面所說的選項二。

●【解說2】

三門問題相當困難，這樣解釋或許還是很難理解。接下來，我們換個方法，土法煉鋼地徹底把所有可能性都想過一次，這樣子感覺上比較容易懂。

首先是不改選另一道門的情況，可能發生的結果如下：

1、你選了A，主持人打開B或C，A是正確答案→**中獎**
2、你選了A，主持人打開C，B是正確答案→山羊
3、你選了A，主持人打開B，C是正確答案→山羊
4、你選了B，主持人打開C，A是正確答案→山羊
5、你選了B，主持人打開A或C，B是正確答案→**中獎**
6、你選了B，主持人打開A，C是正確答案→山羊
7、你選了C，主持人打開B，A是正確答案→山羊
8、你選了C，主持人打開A，B是正確答案→山羊
9、你選了C，主持人打開A或B，C是正確答案→**中獎**

為了讓讀者們更容易理解，讓我們來把上述文字圖像化。

結果 6

你選了B，主持人打開A，C是正確答案

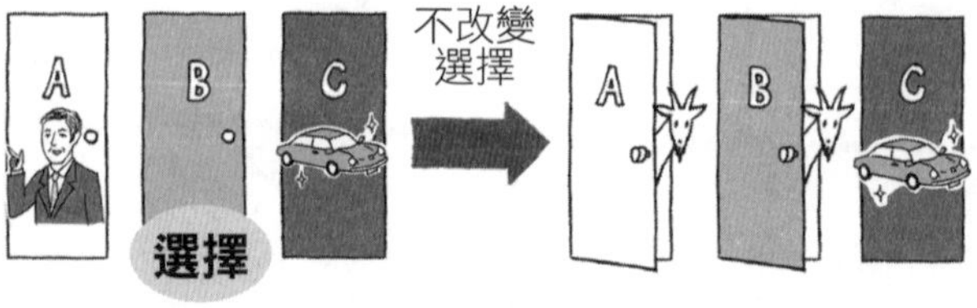

結果 7

你選了C，主持人打開B，A是正確答案

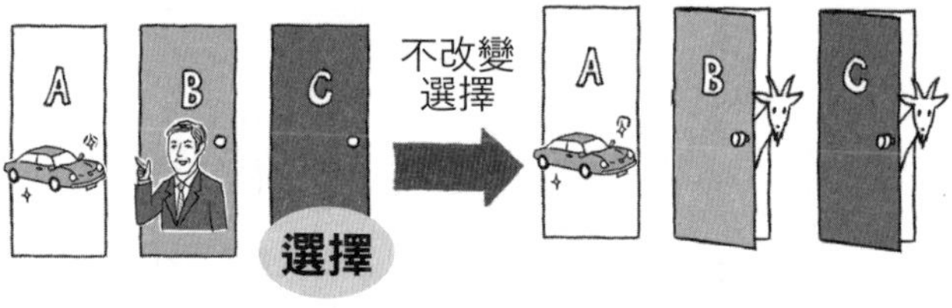

結果 8

你選了C，主持人打開A，B是正確答案

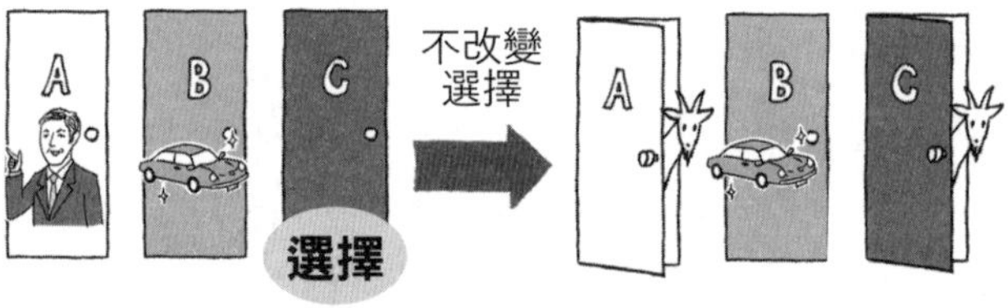

結果 9

你選了C，主持人打開A或B，C是正確答案

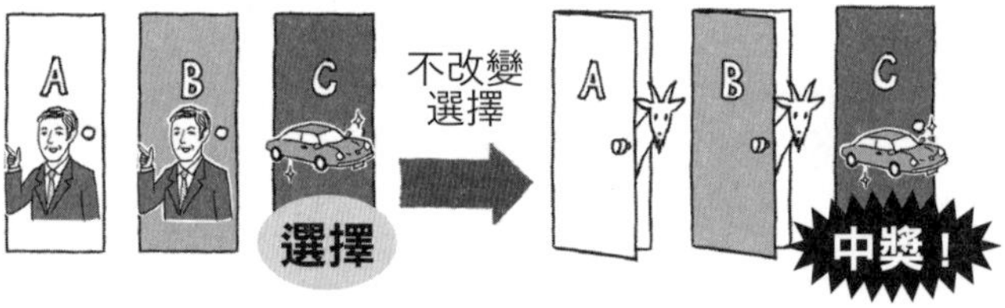

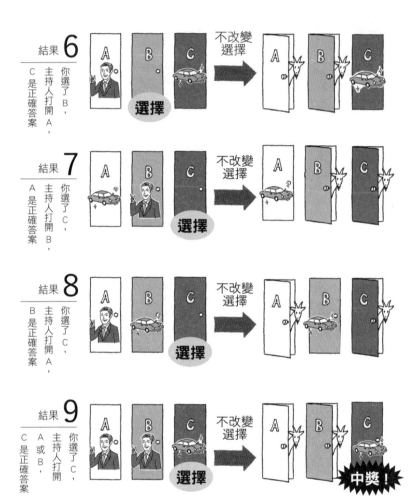

結果1

你選了A，主持人打開B或C，A是正確答案

結果2

你選了A，主持人打開C，B是正確答案

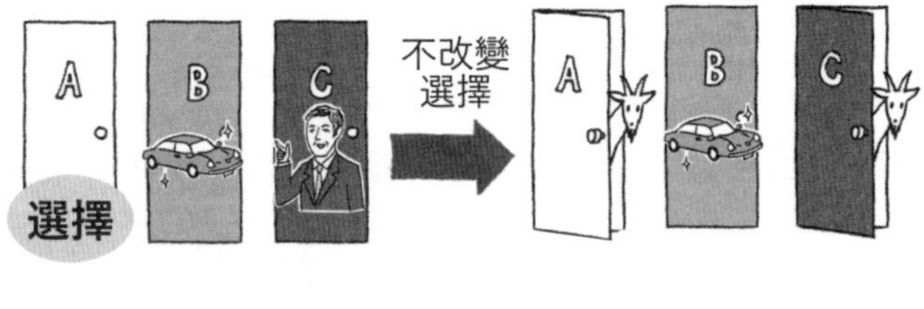

結果3

你選了A，主持人打開B，C是正確答案

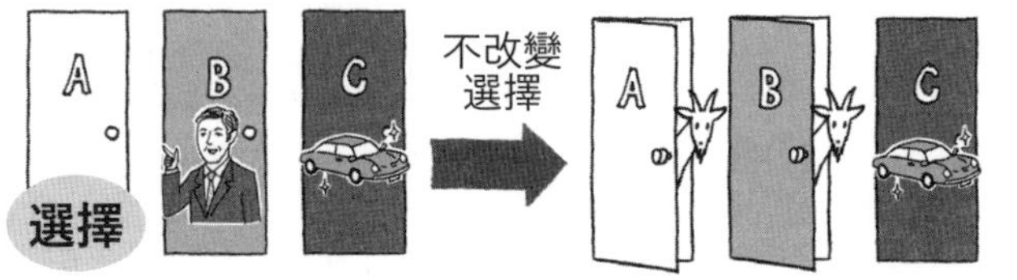

結果4

你選了B，主持人打開C，A是正確答案

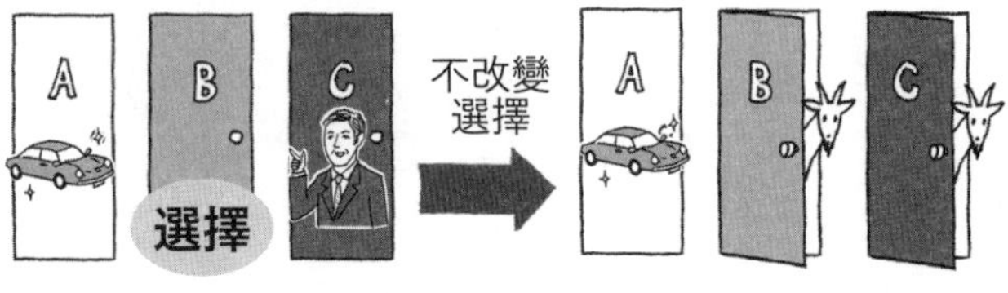

結果5

你選了B，主持人打開A或C，B是正確答案

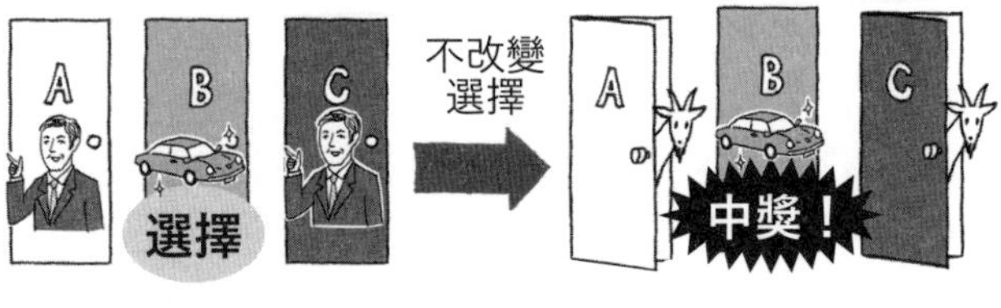

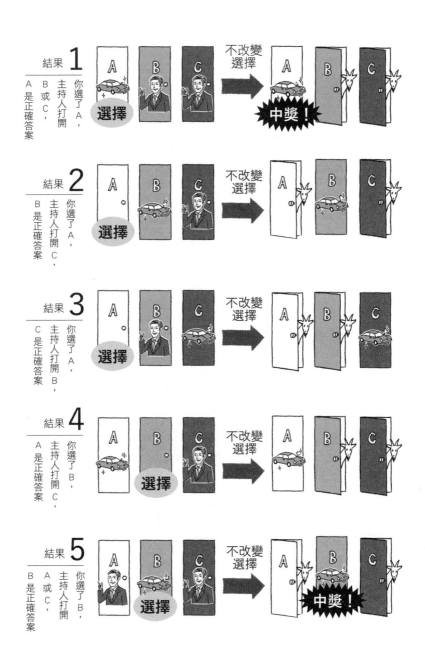

再來是改選另一道門的情況，可能發生的結果如下：

1、你選了A，主持人打開B或C，你改變選擇，而正確答案是A↓山羊
2、你選了A，主持人打開C，你改選B，而正確答案是B↓**中獎**
3、你選了A，主持人打開B，你改選C，而正確答案是C↓**中獎**
4、你選了B，主持人打開C，你改選A，而正確答案是A↓**中獎**
5、你選了B，主持人打開A或C，你改變選擇，而正確答案是B↓山羊
6、你選了B，主持人打開A，你改選C，而正確答案是C↓**中獎**
7、你選了C，主持人打開B，你改選A，而正確答案是A↓**中獎**
8、你選了C，主持人打開A，你改選B，而正確答案是B↓**中獎**
9、你選了C，主持人打開A或B，你改變選擇，而正確答案是C↓山羊

出現「中獎」的次數從三次變成六次，這表示中獎機率變成了兩倍。

我把以上文字也圖像化了，請看一二二和一二三頁。

如上所示，當主持人說你可以改選另一道門時，改變選擇是很聰明的做法。三門問題的確如莎凡所說，改選另一道門的中獎機率會變成兩倍。多次在電腦上進行這個實驗之後，也證實了這一點。

明知如此，還是有些人會想要相信自己的直覺，認為刻意改選另一道門卻沒中獎的話會更後悔，但是就數學機率而言，改變選擇才是正確答案。

結果6

你選了B，主持人打開A，你改選C，而正確答案是C

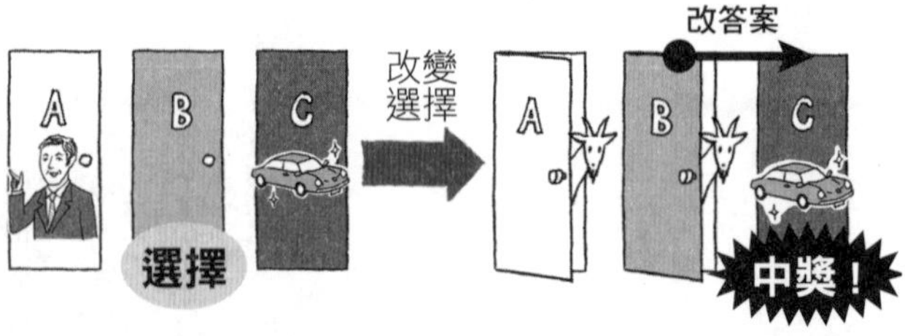

結果7

你選了C，主持人打開B，你改選A，而正確答案是A

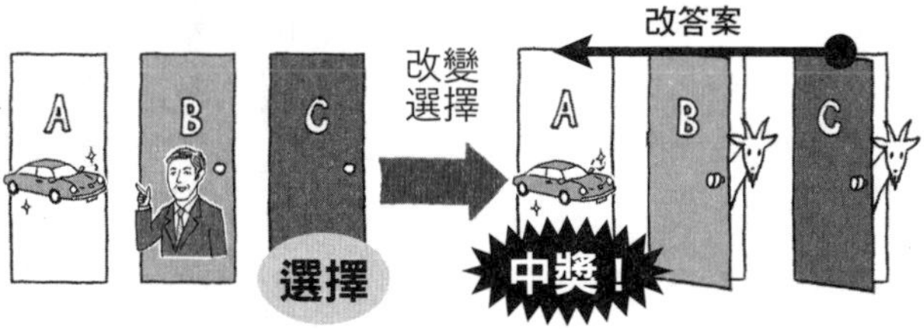

結果8

你選了C，主持人打開A，你改選B，而正確答案是B

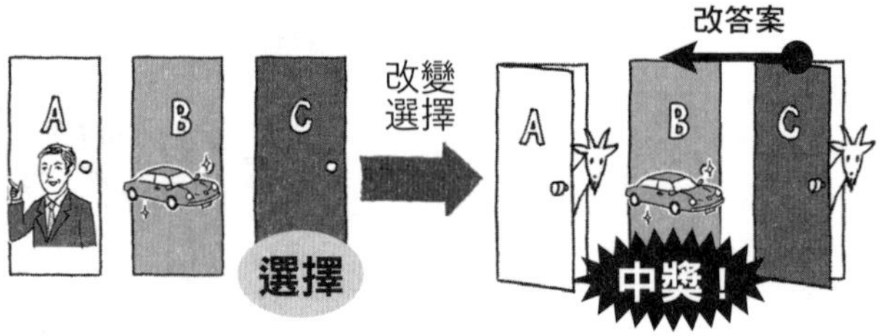

結果9

你選了C，主持人打開A或B，你改變選擇，而正確答案是C

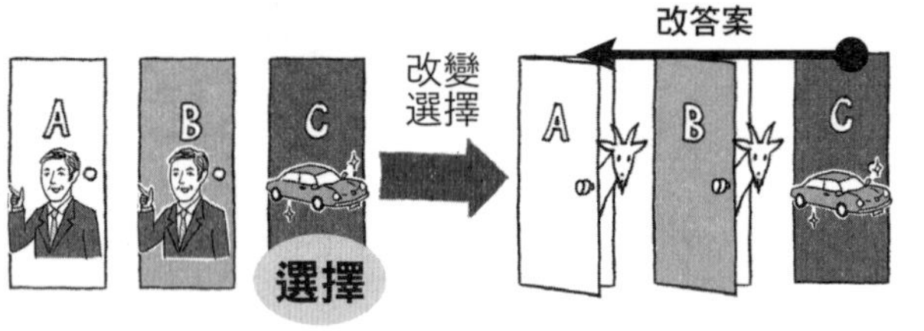

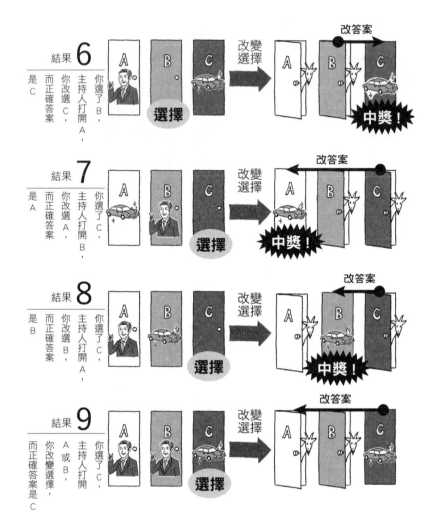

結果 1

你選了A，
主持人打開
B或C，
你改變選擇，
而正確答案是A

結果 2

你選了A，
主持人打開C，
你改選B，
而正確答案
是B

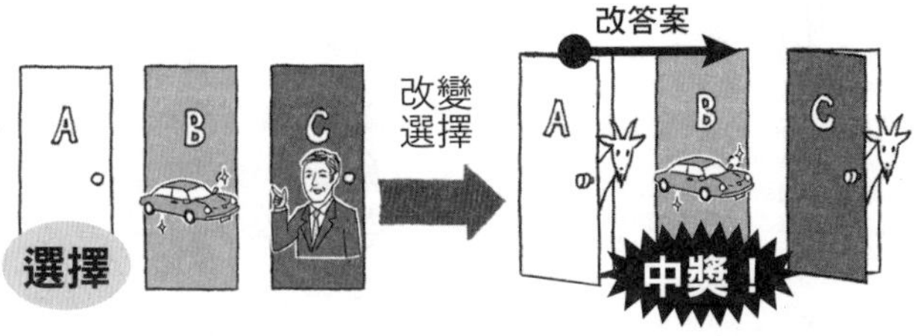

結果 3

你選了A，
主持人打開B，
你改選C，
而正確答案
是C

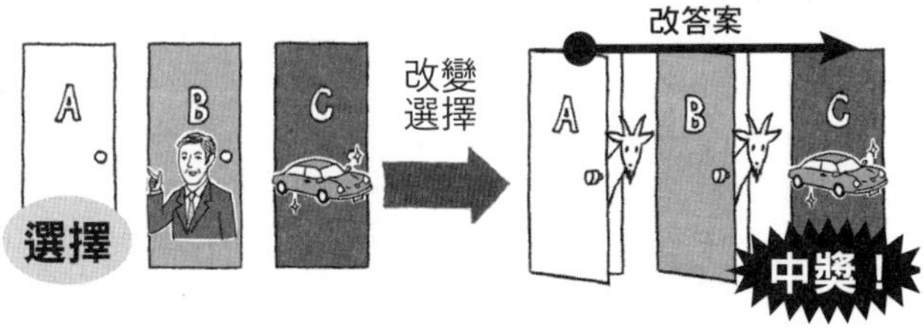

結果 4

你選了B，
主持人打開C，
你改選A，
而正確答案
是A

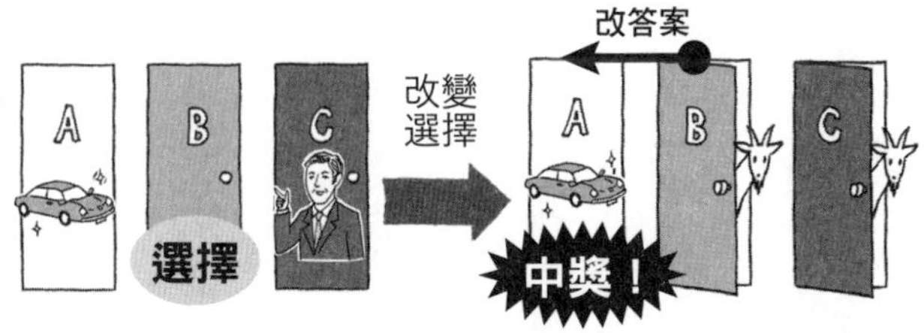

結果 5

你選了B，
主持人打開
A或C，
你改變選擇，
而正確答案是B

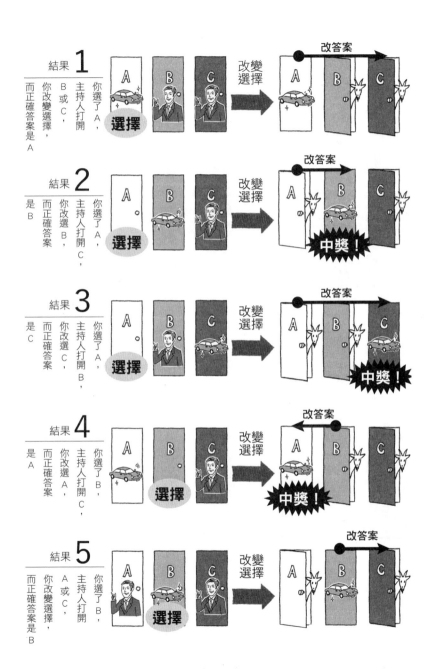

【思考實驗No.16】

不公平的設計比賽

你是個新人設計師，正在尋求揚名立萬的機會，便在每天接案之餘收集設計比賽的消息。

有一天，你得知明年即將創校的大學要公開徵選校徽，對此非常有興趣，馬上就著手設計作品。

然後，你的設計從多達三萬件的報名作品中脫穎而出，是得以進入總決賽的三件作品之一。

於是，你為作品做了簡報，並等待評審在一週後公布徵選結果。

三天後，你偶然看到評審們在聊天，便仔細聆聽他們的對話。

「哎呀，終於選出最後三件作品了！不過，因為總評審很喜歡的設計師A也有參加，所以這比賽對他壓倒性地有利。以機率來說，A獲選的機率大概是一半，而剩下的一半機率則是由其他兩名參賽者平分吧！」

「是啊，結果差不多確定了吧。總評審興致勃勃地想要在最後爽快做出決定，今天晚上大概就會通知我們結果了。」

你原以為三位參賽者的獲選機率各是三分之一，但現在才知道其實不然。

這讓你坐立難安，隔天便打電話給評審團。

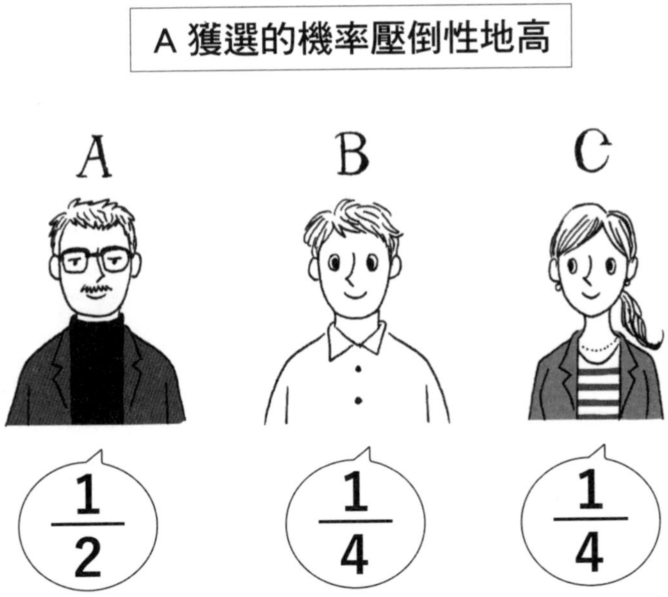

「我是進入總決賽的設計師C，你們已經決定好誰獲選了吧？因為結果還沒有公布，所以我也不方便問，但是能不能告訴我，在除了我以外的那兩位參賽者當中，哪一位落選了？如果最後是我獲選，就請你們擲硬幣隨機選出一個，再告訴我。」

結果，一位評審說：

「我告訴你，B落選了。那麼，就請你靜待結果公布吧！」

說完，電話就掛斷了。

你心想：

「這樣的話，A獲選的機率是三分之二，而我是三分之一嗎？在聽到B落選之前，我獲選的機率本來是四分之一，現在稍微提高了一些，幸好有問！」

C（你）的想法是正確的嗎？

得知 B 落選後的機率變化

●比賽原本對 A 很有利

B 落選了

●機率會怎麼變化？

這樣想是對的嗎？

思考提示

你可能察覺了這一題是三門問題的機率變動版。

在三門問題傳開來以前，日本人就想過幾乎一樣的問題，稱為「三囚犯問題」，至今仍有許多書籍會介紹它。

三囚犯問題經常會探究這種機率變動，本書把它的設定調整得更簡單一些，並介紹給各位讀者。

○參考「三囚犯問題」

三囚犯問題的設定是，在A、B、C三個死刑犯當中，有一個人會得到赦免，每個囚犯獲赦的機率各是三分之一。

不過，只知道聖誕節當天有一個囚犯會獲赦，但不知道是誰。因此，囚犯A就問了獄卒：

「B和C當中，誰的死刑會被執行？」

獄卒回答：
「B的死刑會被執行。」
這時，囚犯A得到赦免的機率是多少？

三囚犯問題的答案和三門問題一樣，A得到赦免的機率不變，一樣是三分之一，但C獲赦的機率提高到三分之二。

話題回到設計比賽上。身為C的你心情更沉重了一些，因為總評審中意的A留了下來，是個強敵。

但是，你試圖讓自己冷靜下來，因為你認為自己的作品絕對比A更出色，再加上現在又得知B落選了，自己勝出的機率應該會提高才對。

C認為自己獲勝的機率從四分之一提高到三分之一，但真是如此嗎？

由於我先前解釋過三門問題，所以應該有很多人覺得C獲勝的機率不變，但B的機

得知 B 落選後的機率變化

●比賽原本對 A 很有利

B 落選了

●機率會怎麼變化？

B 的機率會加到 A 身上去？

率會加到A的身上。

但其實，這樣想也不正確。

在三門問題中，每個選項的機率都一樣，沒有有利或不利之分。

但是，在這個設計比賽的問題中，A獲選的機率一開始就設定得比較高，條件與三門問題不同，不能混為一談。

那麼，該怎麼想才對呢？

要思考這種複雜的問題時，有一個方法可以派上用場，那就是想像同樣的事發生很多次的情況。

關於設計比賽的問題，就想像比賽在完全相同的條件下舉辦了很多次。

先假設比賽舉辦了四百次。

之所以假設是四百次，是因為這樣子在思考A、B、C三人獲選的機率時，會形成2：1：1。

若比賽舉辦四次，按照機率，A會獲選兩次，另外兩人則是各獲選一次。如果比賽舉辦八次，那A獲選的次數也就加倍，馬上可以算出是四次。

要是設定成比賽舉辦十五次，A獲選的次數就是7．5次，其他兩人則是3．75次，很難計算。

把剛才的四次乘以一百倍，設定為四百次的話，得到的數字就會是整數，容易計算。

那麼，我們就以比賽舉辦四百次為前提來進行思考。

首先，想想看在這四百次當中，A獲選的次數是多少？

由於A獲選的機率是二分之一，所以是兩百次。

接下來是B，他獲選的機率是

假設設計比賽舉辦了四百次

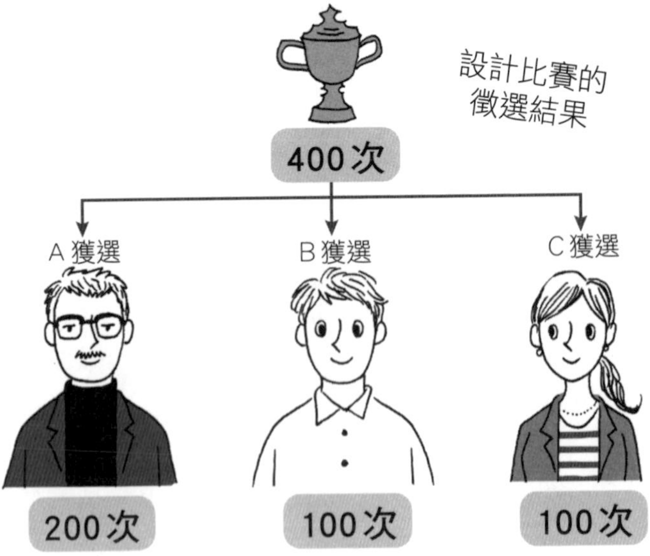

四分之一，所以是一百次。

最後是C，她的計算方式和B一樣，所以也是一百次。

我們來想想看，在這四百次當中，接電話的評審有幾次會說出「B落選了」。

首先，當A獲選時，評審一定會回答B落選了。

因為，如果評審回答A落選了，那就是說謊。另外，也因為你問的是「A和B當中，哪一個人落選了」，所以評審不會說出你落選了。

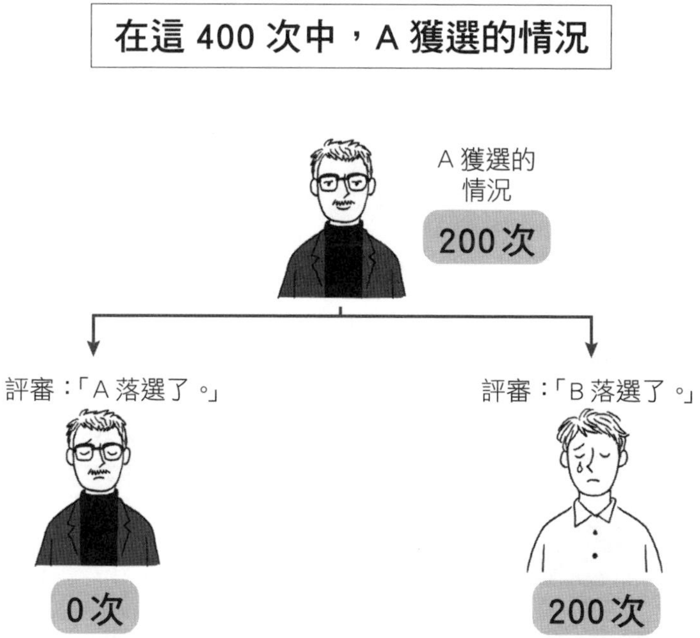

也就是說，在A獲選的那兩百次當中，評審都會說B落選了。

接著來想想看B獲選的情況。當B獲選時，評審一定會說A落選了。

在這四百次中，B獲選的次數是一百次，評審會說一百次「A落選了」。

最後是你獲選的情況。

當你獲選時，評審會丟銅板來決定要說A落選了還是B落選了。

由於是根據丟銅板的結果做

在這 400 次中，B 獲選的情況

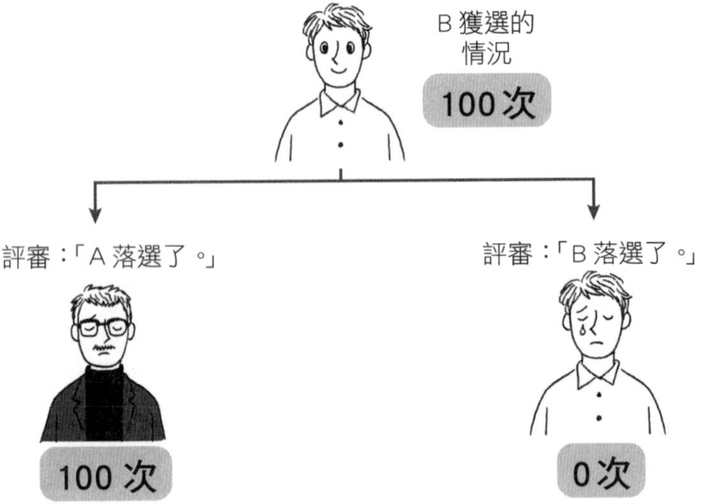

出公平的回答，所以在你獲選的那一百次當中，評審有五十次會說「A落選了」，剩下五十次則是說「B落選了」。

好了，就讓我們來計算題目中評審說出「B落選了」的次數。

評審說出「B落選了」的情況，分別發生在A獲選的兩百次，以及你獲選的五十次，合計共兩百五十次。

評審在電話中告訴你「B落選了」，就發生在這兩百五十次的其

在這 400 次中，C 獲選的情況

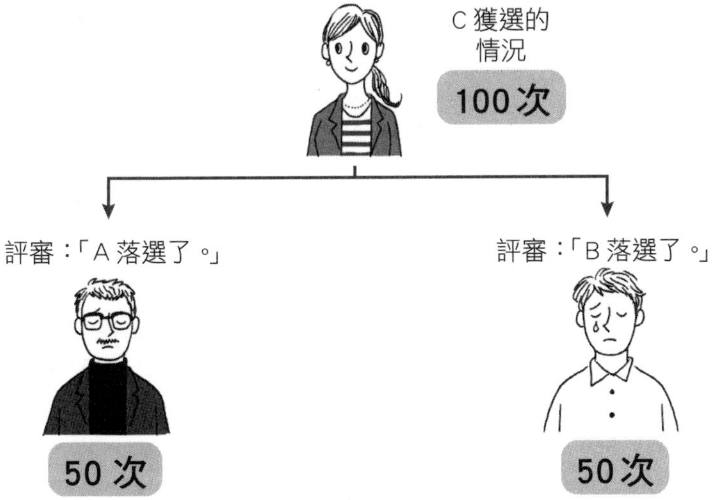

中一次。

從下面的圖表就可以看出，在這兩百五十次當中，你獲選的次數只有五十次，剩下的兩百次都是A獲選。

你在兩百五十次中占了五十次，所以機率是五分之一。

把這個和原本的機率比較一下就會發現，你先前的獲選機率是四分之一，但是在評審說出「B落選了」的瞬間，你獲選的機率不但沒有變高，甚至還掉到五分之一。

你還是不要得知一部分的比賽結果比較好。

評審說出「B落選了」的次數

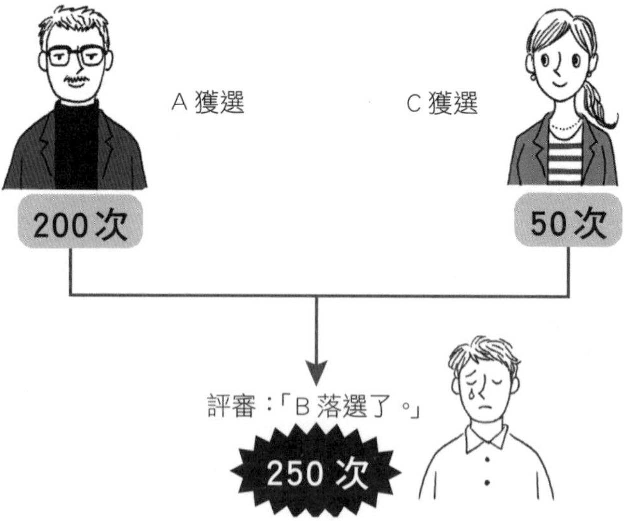

得知 B 落選的結果後，機率會如何變化

●比賽原本對 A 很有利

B 落選了

●機率會怎麼變化呢？

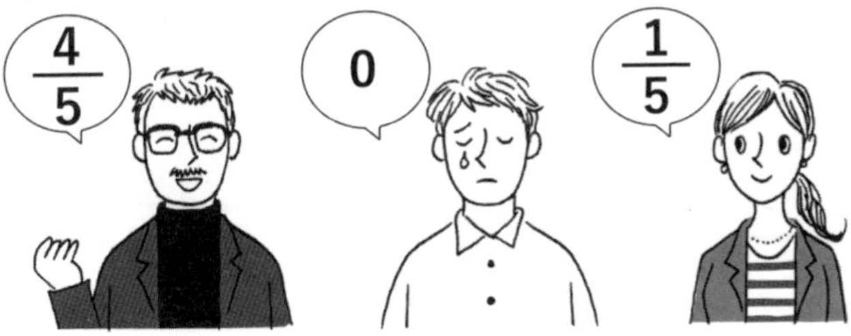

得知 B 落選之前的
期望值還比較高……

●從發生多次的角度來思考三門問題

那麼，就讓我們從發生多次的角度重新來思考三門問題。

當三門問題發生了三百次，A、B、C三道門的中獎機率各為一百次。

假設你在這三百次中都選了A。

・當A中獎時，主持人打開C的機率

這時，主持人會從B、C中隨機選一道門打開，所以打開C的次數是五十次。

・當B中獎時，主持人打開C的機率

當B中獎時，主持人不能打開挑戰者所選的A，所以百分之百會打開C門，也就是一百次。

・當C中獎時，主持人打開C的機率

中獎的門不會打開，所以次數是零。

結果，主持人打開C門的次數總共是一百五十次。在這當中，A門中獎的次數有五十次，占了一百五十次中的三分之一，推導出的答案和先前相同。

【思考實驗No.17】

賭徒謬誤

恕我唐突地提出一個要求：請你在紙上隨機寫下1或0，總共寫一百個。如果嫌一百個太多的話，五十個也可以，請你先寫完再進行以下的思考實驗。

＊

賭場裡，有個賭客正在玩輪盤。

自從他來了之後，輪盤就一直轉出紅色，已經第八次了。

「……！（又是紅色！已經連續八局轉出紅色了，有這種事嗎？這樣的話，下一局就會是黑色了，因為連續八局都是紅色，差不多該輪到黑色了。不，不對，轉出紅色和轉出黑色的機率應該是一半一半才對……可是，連續八局同色簡直就是奇蹟，下一局賭黑色吧！）」

然而，第九局的結果卻出乎他的意料。

「!!（怎麼會這樣？連續九局都是紅色！從來沒看過這種情況，這真是天大的奇蹟）」

男人開始深入思考：

「等等，下一局一定就是黑色了！這種奇蹟般的現象不會永遠持續下去，不可能再轉出紅色了！最起碼，接下來轉出黑色的機率應該比紅色大一些才對。畢竟轉出紅色或黑色的機率應該要一樣大，要是再這樣下去，就變成紅色的機率比較大了。」

第十局是黑色的機率，會比紅色稍微大一點嗎？

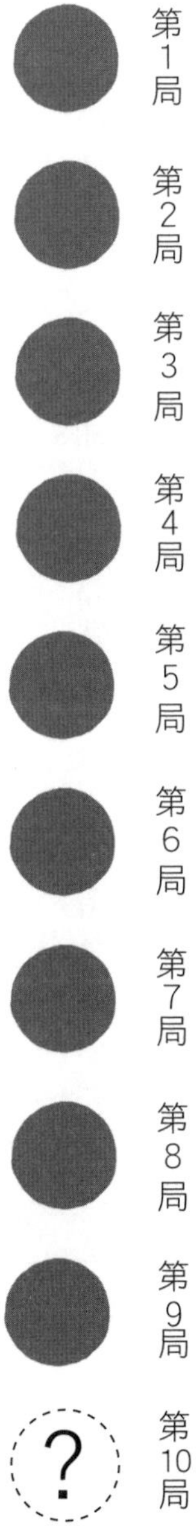

思考提示

冷靜思考一下，就知道下一局轉出紅色或黑色的機率各是二分之一。題目中的賭客陷入了奇怪的思考謬誤。

不過，連續九局都轉出紅色的確有點不自然，各位讀者應該會覺得這是奇蹟。

假設連續出現十次紅色，那機率就是一〇二四分之一，發生率很低。

●【算式】

第一次轉出紅色的機率：$\frac{1}{2}$

連續兩次轉出紅色的機率：$\frac{1}{2}\times\frac{1}{2}=\frac{1}{4}$

連續三次轉出紅色的機率：$\frac{1}{4}\times\frac{1}{2}=\frac{1}{8}$

連續四次轉出紅色的機率：$\frac{1}{8}\times\frac{1}{2}=\frac{1}{16}$

連續五次轉出紅色的機率：$\frac{1}{16}\times\frac{1}{2}=\frac{1}{32}$

連續六次轉出紅色的機率：$\frac{1}{32}\times\frac{1}{2}=\frac{1}{64}$

連續七次轉出紅色的機率：$\frac{1}{64}\times\frac{1}{2}=\frac{1}{128}$

連續八次轉出紅色的機率：$\frac{1}{128}\times\frac{1}{2}=\frac{1}{256}$

連續九次轉出紅色的機率：$\frac{1}{256}\times\frac{1}{2}=\frac{1}{512}$

連續十次轉出紅色的機率：$\frac{1}{512}\times\frac{1}{2}=\frac{1}{1024}$

仔細想想，賭場的輪盤每天都在轉，這種發生率為一〇二四分之一的現象，某種程度上即使頻繁發生也不奇怪，題目中的賭客只是剛好遇到而已。

即使第十局如他所料轉出黑色，但連續九次轉出紅色後出現黑色的機率同樣是一〇二四分之一。

連續九次轉出紅色的機率：$\frac{1}{256}\times\frac{1}{2}=\frac{1}{512}$

只有第十局轉出黑色的機率：$\frac{1}{512}\times\frac{1}{2}=\frac{1}{1024}$

這種事情只要冷靜思考就想得到，但人類就是很容易被誤導。為什麼我們會覺得連續轉出十次紅色像是一種奇蹟呢？

舉例來說，如果是「紅、黑、黑、紅、黑、紅、紅、紅、黑、黑」的話，我們會覺得它沒有規則，看起來很自然，最起碼，跟連續出現十次紅色比起來，這種結果似乎比較容易發生。

哪一種現象的發生率比較低？

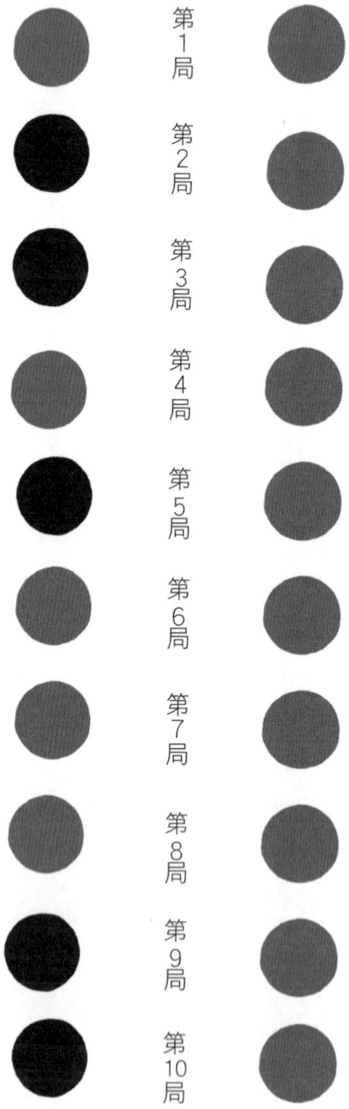

然而，只要算一下機率，就會發現這兩種現象的發生率都是一〇二四分之一。即使發生率一樣高，但人類卻把連續轉出十次紅色稱為奇蹟，對紅色和黑色隨機出現的結果沒什麼感覺。

現在，請你回顧一下我在這一節開頭請你隨機寫下的一百個1或0。大多數人都不會連續寫下六到七個1或0。

可是，如果實際擲硬幣或骰子來做實驗，出乎意料地，同樣的結果會一直出現，有時候甚至可能像題目中的輪盤一樣，連續九次或十次都出現相同的結果。

然而，當我請你在紙上隨機寫下數字時，你寫下的數列卻缺乏一貫性，可說不太自然。

人會覺得紅黑隨機出現的現象比紅色連續出現十次更容易發生，並且在隨機寫下數字時排出比真實情況更不規則的數列。這是為什麼呢？

這是因為，人們深信不規則的現象才是真的隨機。紅黑雜亂地交替出現和不連續的

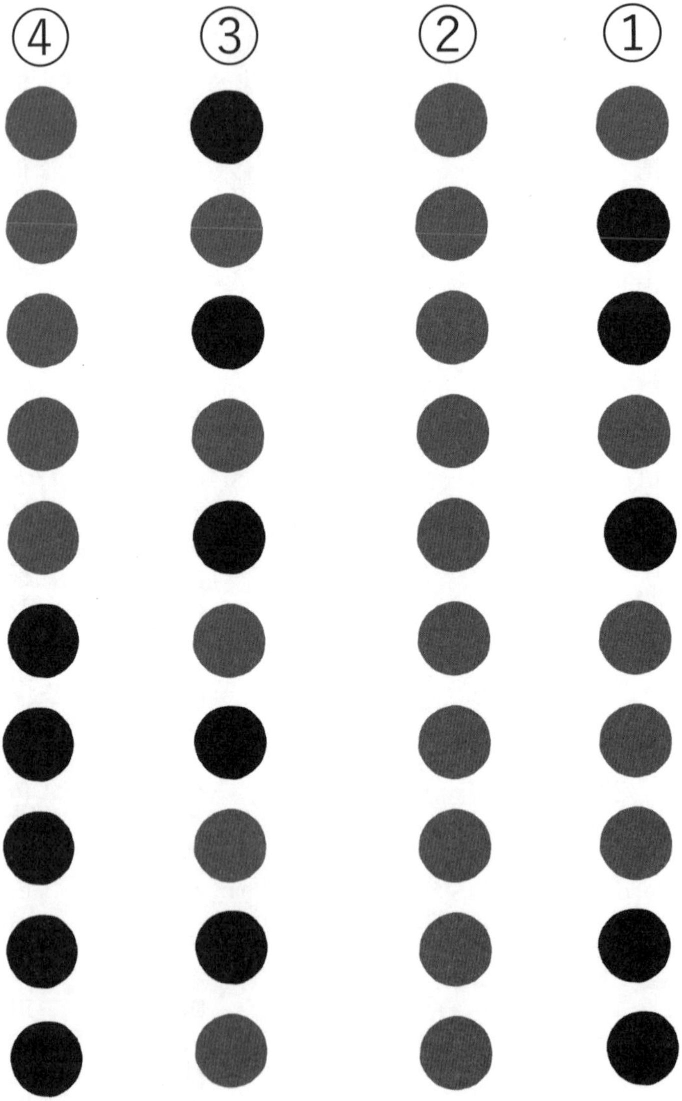
④
③
②
①

數字就是「不規則」的典型例子，人們認為這種不規則的現象比較容易發生，認為有規則的巧合不太可能發生。

在右頁的這四種結果中，你覺得哪一種最有可能發生？

解說至此，你應該已經知道這四種結果的發生率都一樣，但如果憑直覺選擇的話，一定會很想回答1或3。

如果在街頭向路人詢問這四種結果中哪一種最有可能發生，得票率最高的應該是1，3次之，再來是4，2墊底，因為1最不規則。

以下再介紹另一個道理相同的思考實驗。

【思考實驗No.18】

撲克牌的奇蹟

某天早上，玲子煩惱著不知該如何穿搭，便想到要用撲克牌來決定。

她心想：「思考要穿什麼太浪費時間了，這次就用撲克牌來決定吧。從一副撲克牌中抽出四張，如果紅色的有三張或四張，就穿新買的衣服出門。如果紅色的只有一張或兩張的話，就穿另一套衣服。」

玲子很快地從一副撲克牌中隨機抽出四張，結果，不可思議的事情發生了。

她抽到了紅心A、黑桃A、梅花A和方塊A，四張A都湊齊了。

她覺得，自己抽到幾張紅色的已經不重要了，因為眼前發生了比那更神奇的事情。

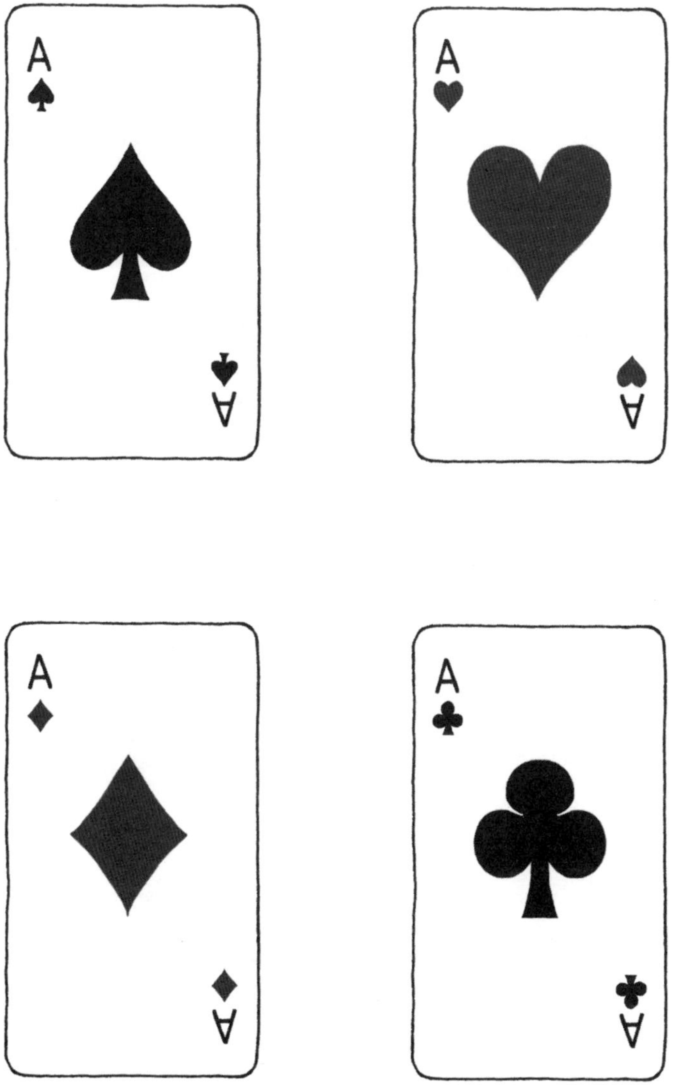
A
A
A
A

思考提示

從一副撲克牌中隨機抽出四張，結果四張牌都是A，這讓你有什麼感覺？應該會覺得發生了神奇的事情吧！

那麼，如果你抽到的牌是黑桃3、方塊8、方塊J和紅心2呢？你應該不會有什麼感覺吧？因為這樣的牌組感覺上沒什麼規則，很有可能發生。

我在〈賭徒謬誤〉中提到的「不規則的典型例子」出現了。人們會覺得隨機抽出四張牌的結果大概就像這樣——即使出現這種牌組的機率和四張A一樣高。

人們會在自然現象中追求不規則，到了有點違反自然的程度。

實際上，紅色連續出現十次是自然現象，隨機抽牌有可能都抽到同樣的數字。如果樂透彩的中獎號碼是「123組456789號」的話會引起話題，但絕對不是什麼稀奇的事。

任何結果的發生率都一樣高，希望各位讀者不要被錯覺誤導了。

【思考實驗No.19】

卡片的正面和背面

首先，請你試著解開下面這一題。

＊

這裡有A到F六張卡片，正面都是數字，背面都是圖案。這些卡片有一個法則是：

【法則】

・寫著偶數的卡片背面一定是愛心圖案。

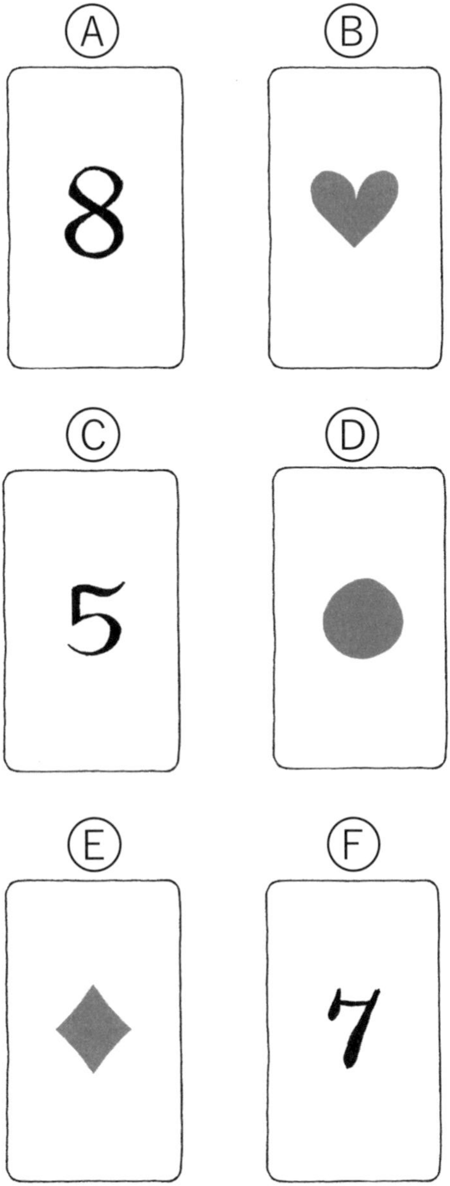

為了確認是不是所有的卡片都遵守這項法則，我們至少要翻開哪幾張卡片呢？

你想到答案了嗎？請記住你想到的答案。

為了讓這一題更簡單易懂，我設計了下面的題目。在解說卡片問題之前，我們先用下面這一題來進行思考實驗。

【思考實驗No.20】

識破的提問

思考微笑補習班規定要在英語圈生活兩年以上，才能擔任補習班的英文會話講師。

為了確認補習班用人有沒有確實遵守這項規定，我們必須問清楚「是否曾在英語圈生活兩年以上」或「是否在思考微笑補習班擔任講師」。那麼，要問A、B、C、D當中的哪些人才好呢？

A：思考微笑補習班的英文會話講師

B：曾在美國住過十年

C：沒有國外生活經驗

D：雜貨店的店員

思考提示

這一題很具體，應該比卡片問題更好懂。讓我們從A開始，一個一個地思考。

首先，我們必須問A是否曾在英語圈生活兩年以上，因為這是在思考微笑補習班擔任講師的條件，有必要確認這一點。

再來，B又如何呢？他曾在美國住過十年，滿足了在思考微笑補習班擔任英文會話講師的條件。那麼，我們有必要問他是不是思考微笑補習班的英文會話講師嗎？答案是，他只是滿足條件，無論從事什麼職業都無所謂，所以沒必要問他。

那C呢？C沒有在國外生活的經驗，所以應該不能在思考微笑補習班擔任英文會話講師。如果我們問他「你是不是思考微笑補習班的講師」，而他回答「是」的話，那就違反規定，所以有必要問他。

最後是D，可以感覺得出沒有必要問他，既然他是雜貨店的店員，那就和思考微笑補習班沒有關係。

因此，這一題的正確答案是要問A和C。

之所以準備這一題，是為了在解說卡片問題之前先做個熱身。這樣一來，讀者們應該會更容易理解。那麼，馬上就來解說卡片問題吧！

No.19的解說

在卡片問題中，我們同樣從卡片A開始，一張一張地思考。

●有必要翻開卡片A（8）嗎？

既然條件是「寫著偶數的卡片背面一定是愛心圖案」，那偶數「8」的背面就一定要是愛心圖案才行，所以有必要翻開卡片A來確認。

●有必要翻開卡片B（♥）嗎？

卡片B是靠直覺思考時很容易弄錯的選項。

因為條件是「寫著偶數的卡片背面一定是愛心圖案」，所以人們很容易產生所有愛心圖案背面都是偶數的錯覺。

實際上，條件只說「寫著偶數的卡片背面一定是愛心圖案」，沒有說「畫著愛心圖案的卡片背面一定是偶數」。即使寫著奇數的卡片背面是愛心圖案也無所謂，只要偶數背面是愛心圖案就沒有問題。

換句話說，愛心圖案的背面無論是偶數或奇數都無所謂，不需要翻過來確認。

● 有必要翻開卡片C（5）和卡片F（7）嗎？

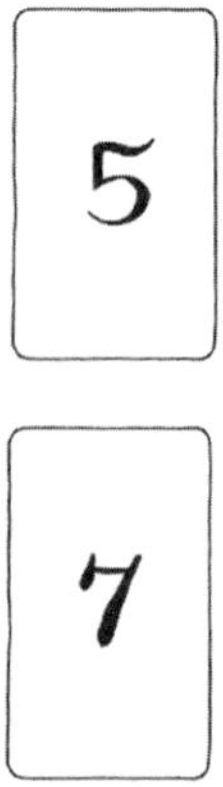

5和7是奇數。條件中完全沒有提到奇數，所以無論奇數背面是愛心還是其他圖案都無所謂，沒有必要翻開來確認。

● 有必要翻開卡片D（●）和卡片E（◆）嗎？

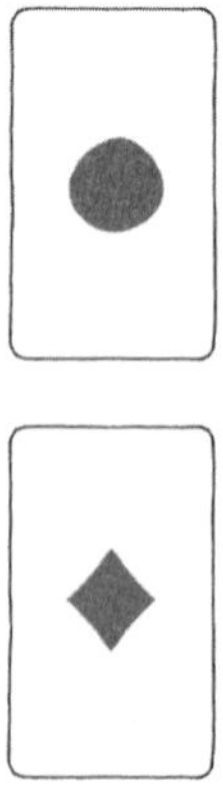

因為條件是「寫著偶數的卡片背面一定是愛心圖案」，所以如果●背面是偶數的話，就會變成偶數背面畫著●，會違反條件。

卡片E也是同理，所以，我們有必要翻開卡片D和E來驗證。

綜合以上，卡片問題的答案是A、D、E。不過，我想應該有很多讀者的答案是A和B。

我曾經拿這一題去問我的客戶，有五、六個人全都回答A和B，並在思考題目時陷入混亂。而我找機會再問過其他人，對方笑著跟我說：「好容易就上當了！」這個題目就是那麼容易答錯。

不過，因為我已經事先告知這一題非常容易答錯，讓他們有所警戒，所以弄錯的機率應該已經降低了一些。

人們比較擅長找出符合法則的東西，若要反過來找出不符合法則的東西，就不太能透徹地思考。

接下來，我會再出一則類似的思考實驗，這一題有點複雜，請大家想像實際的情況來思考。

【思考實驗No.21】

點餐單的另一面

每個月十日，某家咖啡廳會給購買甜食的女客人半價優待。因此，每個月十日，幾乎所有女客人都會點甜食。

七月十日打烊後，有個店員對店長說：

「今天所有沒點咖啡的女客人都點了甜食，這真是太妙了！」

這裡有七張點餐單，店員說每一張點餐單都代表一位客人，單子背面寫著客人的性別，正面則是點餐內容。

為了確認店員說的對不對，我們至少要翻開哪幾張點餐單呢？

A：女性

B：男性

C：香草冰淇淋鬆餅

D：漢堡排飯

E：咖啡、火腿蛋、漢堡

F：紅茶、草莓鮮奶油蛋糕

G：草莓聖代、咖啡

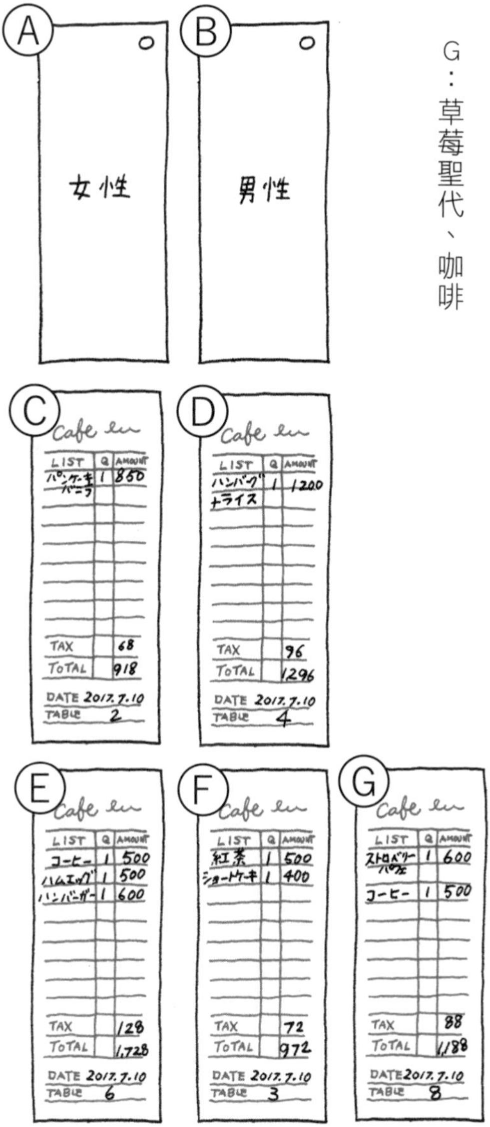

這一題可能有點複雜，但請你仔細想一想。

A和B的另一面是點餐內容，C～G的另一面寫著男性或女性。

請你把「所有沒點咖啡的女客人都點了甜食」這句話記在腦海裡，從A開始依序確認這句話的真偽。

思考提示

那麼，就讓我們一張一張地進行思考實驗。首先，我把「所有沒點咖啡的女客人都點了甜食」這句話畫成圖，這樣子應該會更容易思考。

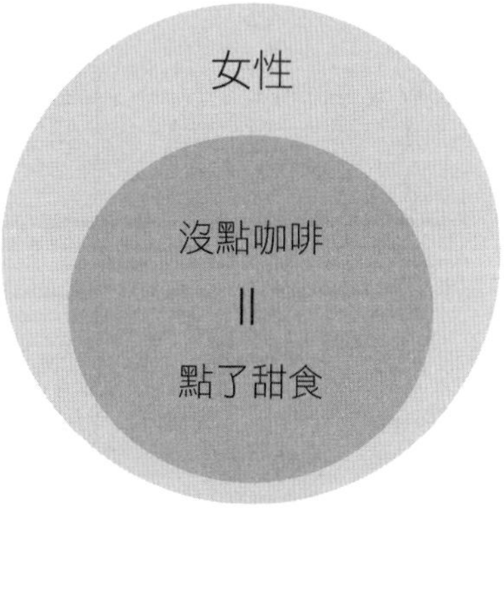

● 如果A的另一面沒有甜食或咖啡

點餐單A的背面寫著「女性」。

假如點餐單的正面只寫著「蛋包飯」，情況就和店員所說的矛盾。既然「所有沒點咖啡的女客人都點了甜食」，那麼沒點咖啡的點餐單上就必須出現甜食，像是香草冰淇淋或泡芙之類的。

如果這張點餐單上有咖啡，就算沒點甜食也沒關係。也就是說，我們必須翻開這張

點餐單來加以驗證。

●如果B的另一面沒有甜食或咖啡

無論男客人點了什麼，都和店員說的話無關，點餐單B的另一面是甜食也好、咖啡也罷，總之沒有必要翻開。

●如果C的另一面不是女性

香草冰淇淋鬆餅是甜食，而店員說：「所有沒點咖啡的女客人都點了甜食。」

這張點餐單的確沒點咖啡，即使另一面寫著「女性」，也和店員說的話一致。

此外，店員並沒有說男性不點甜食，所以即使另一面寫著「男性」也沒有問題。

這是個很容易弄錯的選項，但客人無論是男是女都無所謂，所以沒必要翻開。

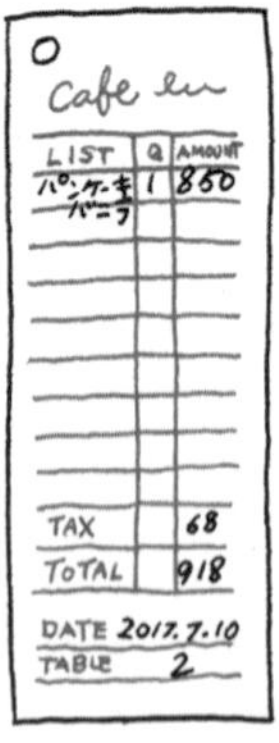

如果D的另一面不是女性

D的客人點了漢堡排飯。若你認為這和甜食無關所以不必翻開，請你再多想一下。

要是D的另一面寫著「女性」的話呢？

既然「所有沒點咖啡的女客人都點了甜食」，那麼這張寫著漢堡排飯的點餐單就非得是男客人的不可。換句話說，我們有必要翻開這張點餐單。

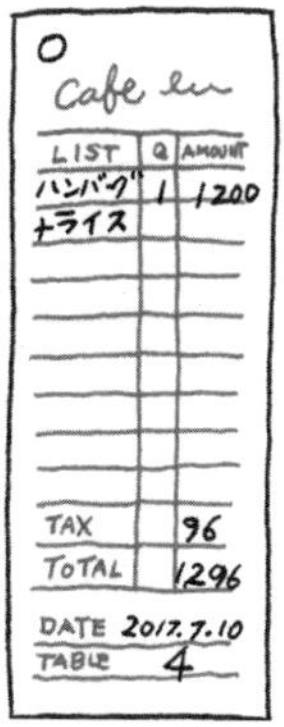

如果E的另一面不是女性

E的客人點了咖啡、火腿蛋及漢堡。因為有點咖啡，所以即使是女客人，也沒有違反條件。

因此，我們不需要翻開這張點餐單。

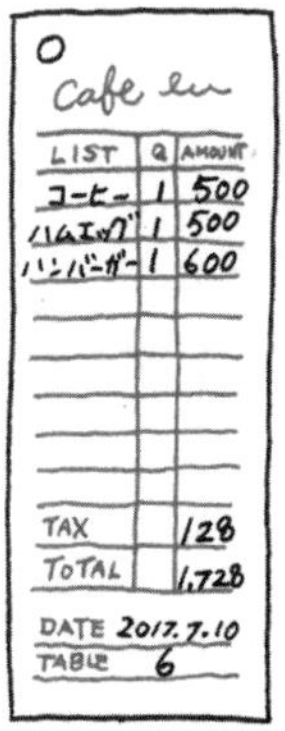

●如果F的另一面不是女性

F的客人點了紅茶和草莓鮮奶油蛋糕，沒有咖啡但有甜食，如果是女客人就符合條件。不過，這張點餐單和C一樣，即使是男客人點的也無所謂，所以不必翻開。

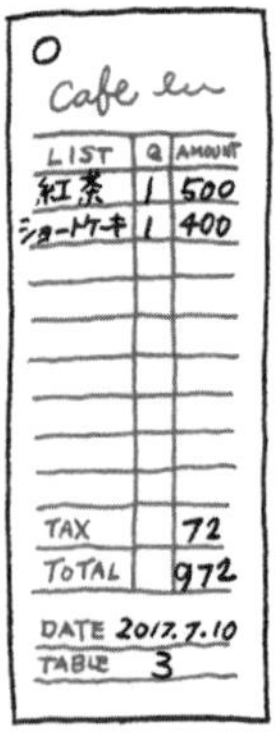

●如果G的另一面不是女性

G的客人點了草莓聖代和咖啡，不僅有咖啡，也有甜食。店員並沒有特別提到點了咖啡的客人如何，既然這位客人點了咖啡，不管他（她）另外點了什麼都沒有影響，是男是女也無所謂。換言之，我們不必翻開這張點餐單。

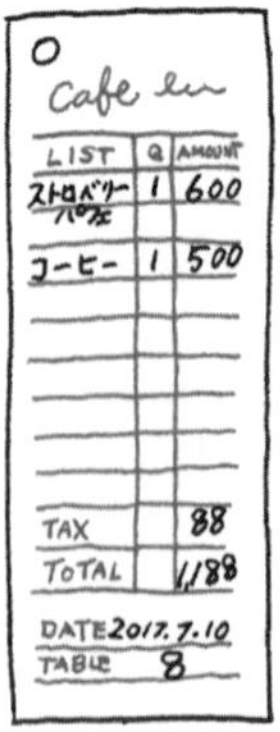

這一題的條件又比卡片問題更複雜一些，可能讓讀者們感到混亂，但它比卡片問題更容易想像實際情況，應該比較容易理解才是。

【思考實驗No.22】

兩個信封

眼前有一個男人遞了兩個信封給你，兩個信封外觀完全相同，也無法用摸的分辨。

男人說：

「我把其中一個信封送你吧！

信封裡有紙條，紙條上面有數字，其中一個信封的數字是另一個信封的兩倍。

你選到哪個數字，我就給你那個金額。」

你從完全無法分辨的兩個信封中選了一個。

男人又說：

「你真的要選那個嗎？可以改選另外一個的喔？

我再說一次，其中一個信封的數字是另一個信封的兩倍。也就是說，當你改選另外一個信封，你可以得到的金額就是兩倍或一半。

要換嗎？還是不換？你試著計算一下吧！我等你算好。」

你思考著：

「不管怎麼想，覺得選哪個都沒差別吧……。

無論是哪一個信封，裡面寫著較高金額的機率都一樣高，各是二分之一。即使改選另一個信封，機率還是不變，所以沒必要特地改選另一個。

外觀完全相同的兩個信封

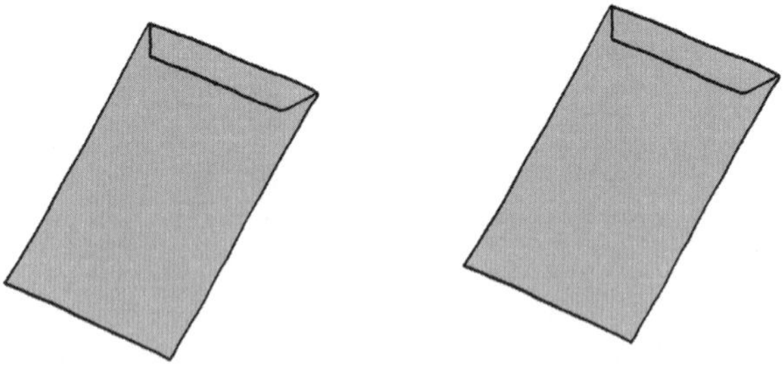

改選另外一個會比較划算嗎？

不過，既然時間充裕，那我就來計算一下吧！」

你決定要實際算算看期望值。

所謂的期望值，就是把所有可能的值加以平均。以這一題來說，期望值就是多次改選信封之後所能得到的平均金額，想成「有希望得到這麼多錢」會比較好理解。

舉例來說，假設猜一次拳要付五十圓，但獲勝時可以贏得一百圓。在考慮要不要挑戰這個遊戲時，我們會先評估自己有多少勝算。那麼，就來稍微計算一下吧！

在三次猜拳中，有一次的機率會獲勝。猜拳三十次的話，應該會贏十次左右。

猜拳三十次總共要付一千五百圓，贏了十次的話，有希望贏得的金額是一千圓。

這一千圓就是期望值，這麼一想，就覺得不要去挑戰這個猜拳遊戲比較好。

把「可能得到的值」乘以「可能得到這個值的機率」就能求出期望值。在這一題中，信封的期望值可以用以下方法求出。

讓我們假設一開始選擇的信封（以下簡稱「原始信封」）裡寫著數字X，那麼，另一個信封裡面的數字就是2X或0．5X。

不改選另一個信封的話，你能得到的金額就是X。當你改選另一個信封時，能得到的金額就是兩倍的2X或一半的0．5X。

讓我們來計算這兩種情況下所能得到的期望值。

在不改選另一個信封的情況下，期望值是X圓。

改選另一個信封的話，期望值是：

$$2X \div 2 + 0.5X \div 2 = 1.25X$$

期望值多了0．25X。也就是說，改選另一個信封會比較划算嗎？

為了讓讀者們更容易理解，我用具體的金額來說明。

假設原始信封的金額是兩萬圓，另一個信封的金額就是一萬圓或四萬圓。

1÷2＋4÷2＝2.5

算起來，有機會得到的金額（期望值）是兩萬五千圓（兩萬圓的1.25倍）。與其選原始信封，改選另一個信封平均可以多拿五千圓。

咦？這可奇怪了。這兩個信封無法從外觀分辨出來，只不過是改選另外一個，期望值竟然就多了五千圓。

如果另一個信封的金額是原始信封的兩倍，那就多賺了兩萬圓。假如是一半的話，那就少賺了一萬圓。既然多賺的金額比少賺的金額大，算起來就是低風險高報酬——這樣一想，期望值上升便是很容易想像的事。

這兩個信封明明長得一樣，但計算起來，改選另一個卻比較划算。

此外，如果期望值真的會提高的話，即使你起初選的是另一個信封，改選原始信封仍然會比較划算。

假設另一個信封裡的金額是四萬圓，原始信封的金額就是兩萬圓或八萬圓，

2÷2＋8÷2＝5

因此，原始信封的期望值就是五萬圓（四萬圓的1．25倍）。

這意味著，無論你起初選了哪一個信封，之後都要改選另一個才會比較划算。

而且，當你改選另一個信封時，若遞出信封的男人又對你說：「確定要選這個嗎？可以再換回原來的喔？」你在進行相同的計算之後，會再次得到改選原始信封比較好的結論。

如果男人對你說「你可以一直改選信封，直到你滿意為止」，你就會永遠換個不停。每換一次信封，期望值就會提高嗎？要是換了一百次，就可以拿到一筆鉅款嗎？

若你覺得不可能，恭喜你，你的直覺是正確的，這種事確實不可能發生，其中顯然有矛盾。那麼，問題究竟出在哪裡？

思考提示

是計算錯誤嗎？不，並沒有算錯。

「兩個信封」的數學計算結果與實際並不相符，甚至有人認為它是個懸而未解的難題。

這一題就是這麼容易弄錯。

請你再次檢查前面的推論，絞盡腦汁找出錯誤。

出錯的地方並不在於計算過程，而是在於算式本身。

算式本身有問題？在哪裡？

信封裡的金額是 X

期望值是 X 圓

信封裡的金額是
2X 或 0.25X

期望值是 1.25X

期望值的算式

$$2X \div 2 + 0.5X \div 2 = 1.25$$

哪裡出錯了？

這個算式把原始信封的金額設為X，問題就在這裡。

為了讓讀者容易理解，我使用實際的金額來解說。

在剛才的算式中，如果把原始信封的金額設成兩萬圓，另一個信封的期望值就是

1萬圓÷2＋4萬圓÷2＝2萬5000圓

結果是，改選另一個信封的話，期望值會提高五千圓。

這樣的解釋乍看之下很合理。

那麼，讓我們反過來把另一個信封設為兩萬圓，再重新計算一次，也就是以沒選的那個信封當作基準來思考。

假設另一個信封裡的金額是兩萬圓，原始信封的金額就是一萬圓（一半）或四萬圓（兩倍）。

換言之，這一次，原始信封的期望值是兩萬五千圓。

把原始信封設為兩萬圓時，另一個信封的期望值會提高五千圓。若把沒選的另一個

該不該改選另一個信封，就看你把哪一個信封設為 X 圓

改選會導致期望值上升的情況

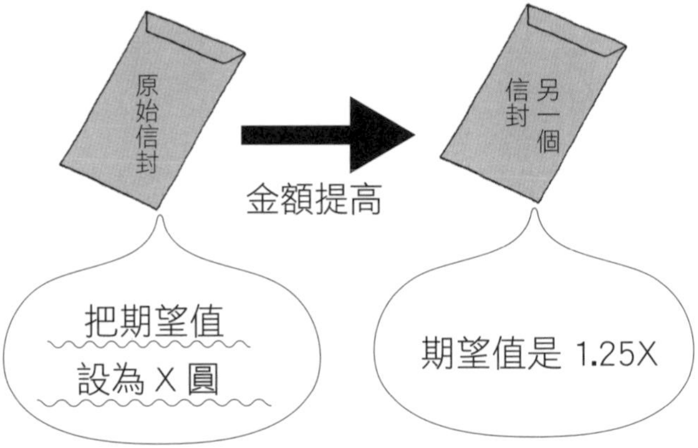

改選會導致期望值下降的情況

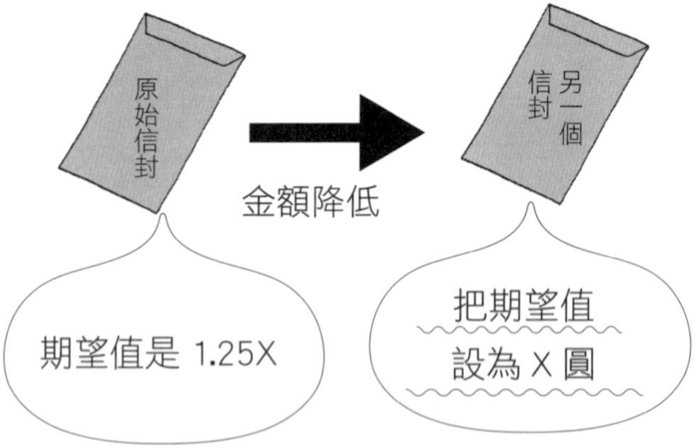

哪一個才對？

信封設為兩萬圓，則原始信封的期望值會提高五千圓。

該不該改選另一個信封？答案會隨著你把哪一個信封設為兩萬圓而改變。

為什麼會發生這種情況呢？

最大的失誤在於開始計算之前的設定，也就是把原始信封的金額設為X（或是兩萬圓）這件事。

在這個情況下，算出來的結果一定是被設為X（或是兩萬圓）的信封會虧錢。

話說回來，遞出信封的男人並沒有說你可以把原始信封或另一個信封打開來看。

所以，我們不可以認定特定信封的金額是X或兩萬圓。

假如另一個信封的金額是原始信封的兩倍，當原始信封的金額是兩萬圓時，另一個信封就是四萬圓。

另一方面，假如另一個信封的金額是原始信封的一半，當原始信封的金額是兩萬圓時，另一個信封的金額就是一萬圓。

信封的金額設定

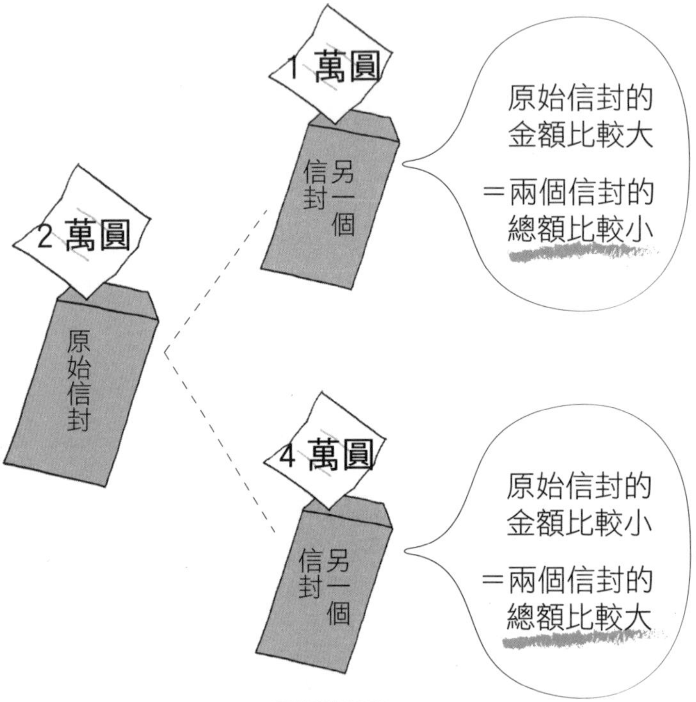

兩個信封的總額究竟是小還是大？
如果總額小，選原始信封比較划算。
如果總額大，就應該改選另一個信封。

這樣想是正確的嗎？

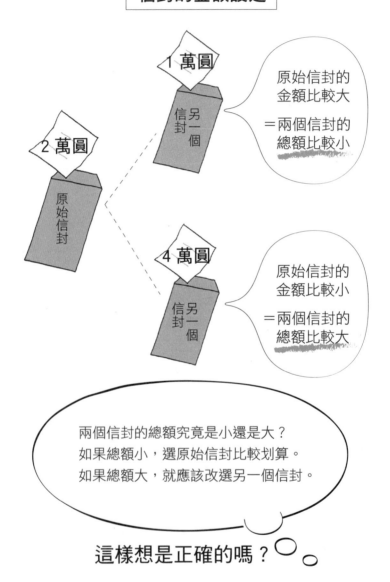

在選擇原始信封會比較吃虧的情況下，兩個信封的總額會比較大。

這樣的話，與其說我們是在賭改選信封會比較吃虧或划算，不如說是在賭這兩個信封的金額分別是一萬和兩萬或兩萬和四萬。

但是，由於兩個信封的金額一開始就已經固定了，所以應該不會發生上述問題才對。這樣思考並不正確。

正確的思考方式是：在兩個已經固定的金額中，我們現在選了哪一個？

換言之，有兩種情況：一、原始信封的金額是一萬圓，另一個信封的金額是兩萬圓。二、原始信封的金額是兩萬圓，另一個信封的金額是一萬圓。

這樣的話，信封的總額就不會改變。

要計算期望值時，就是：

1萬圓÷2＋2萬圓÷2＝1萬5000圓

兩個信封的期望值一樣大，計算結果與直覺相同。

因為是在兩萬圓和一萬圓當中兩者擇一，所以算起來平均可以得到一萬五千圓，與直覺一致。

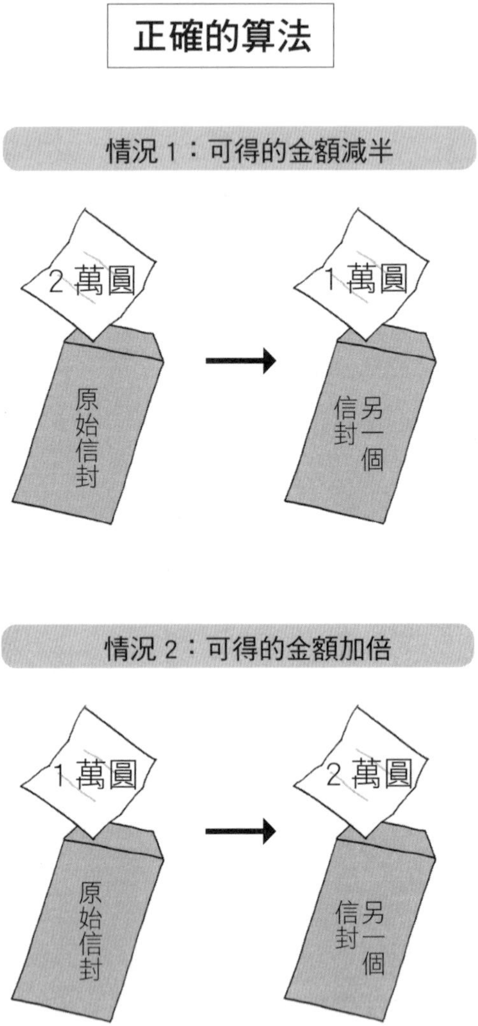

平均起來，兩個信封的期望值都是 1.25 萬圓。
如直覺所料，兩者的期望值相同。

那麼，讓我照原樣用X來表示期望值。

無論你起初拿的是哪一個信封，期望值都是1．5X，不會得到改選信封比較划算的結果。

正確的算法（二）

情況 1：可得的金額減半

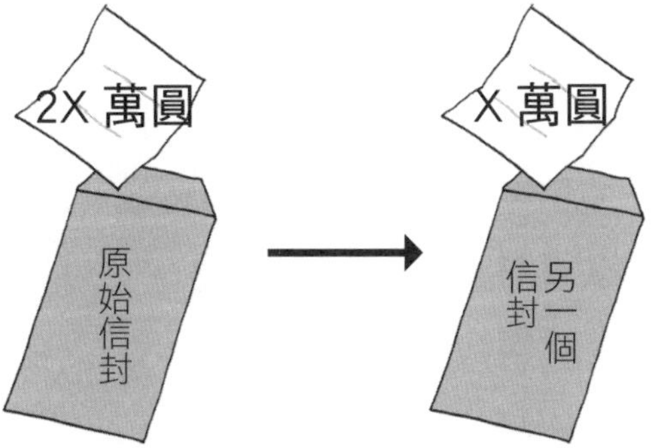

期望值的算法

$$2X \div 2 + X \div 2 = 1.5X$$

情況 2：可得的金額加倍

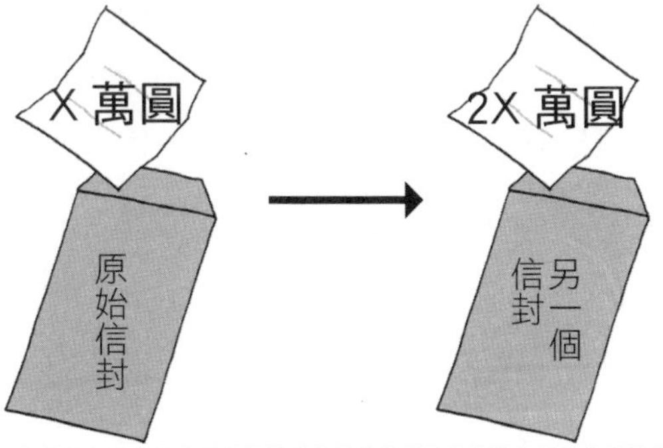

期望值的算法

$$X \div 2 + 2X \div 2 = 1.5X$$

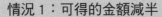

或者，讓我們換個方式來想。

兩個信封裡的金額分別是X和2X，原始信封的金額是其中一個，改選另一個信封的話，可得的金額就會變成另外一個，可以想成「其中一個信封裡放了兩倍記號」。

這樣一來，我們的想法就會從「改選另一個信封就會減半或加倍」，變成「兩倍記號放在哪一個信封裡」。

這樣想的話，我們就可以在不被加倍或減半影響的情況下思考。

假如兩倍記號放在原始信封裡，改選另一個信封就得不到兩倍記號。如果兩倍記號不在原始信封裡，改選另一個信封就可以得到兩倍記號。那麼，我們應該改選另一個信封嗎？答案是，無論換不換信封，得到兩倍記號的機率都一樣。

兩個信封的解說到此結束。

那麼，一開始那個錯誤的算式是怎麼回事呢？其實，在某個題目中，這個算式會是正確的，下面要介紹的思考實驗就是那一題。

想成信封裡有兩倍記號

兩倍記號放在哪一個信封裡？

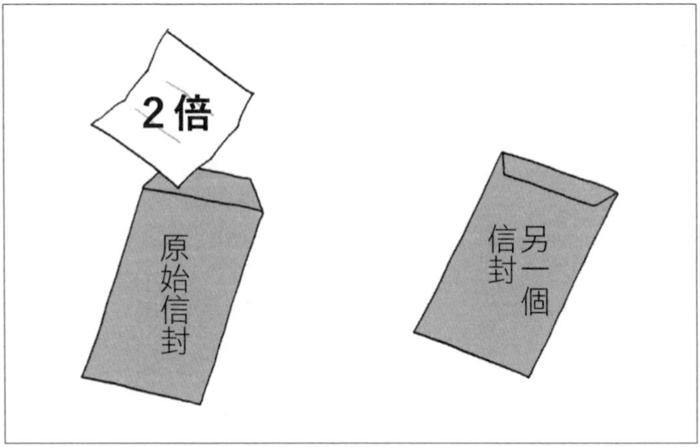

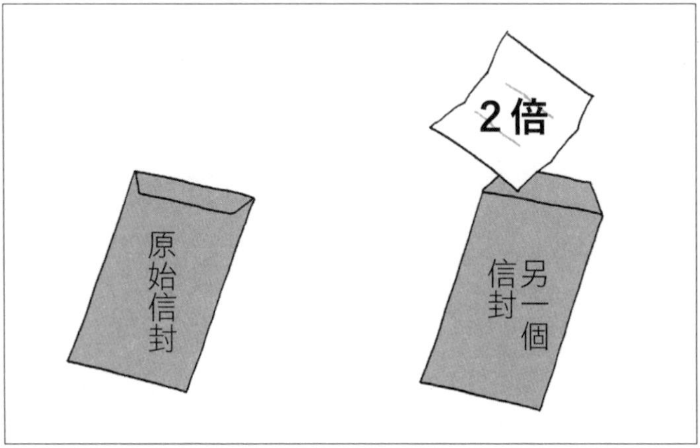

若抽中內含兩倍記號的信封，就能得到加倍的金額！

【思考實驗No.23】

兩個信封（二）

眼前的男人遞出兩個信封給你。這兩個信封外觀完全相同，用摸的也摸不出差異。

男人說：

「我把其中一個信封送你吧！信封裡有紙條，紙條上寫了數字，其中一個信封的數字是另一個信封的兩倍。選中哪一個，你就能得到和數字相等的金額。」

你從毫無二致的兩個信封中選了一個。

然後，男人又說：

「你確定要選這個嗎？把信封打開來看看。喔，裡面寫著兩萬圓啊。好了，現在你可以改選另一個信封。要換嗎？」

改選另一個信封的話，期望值會比較大嗎？

思考提示

這一題和上一則思考實驗有一個差別，那就是把信封打開來看。

先說結論：這個動作會導致機率產生變化。這一次，改選另一個信封的期望值真的比較大。

你可能會覺得奇怪：「只是打開看一下而已，期望值就會變大？」

不妨這樣想吧！請看一七八頁的圖。當你打開原始信封，得知裡面的金額是兩萬圓時，一七八頁的想法馬上就會變成對的。

當題目的設定（也就是先決條件）不同時，答案也會跟著改變。

確定原始信封是兩萬圓之後，改選另一個信封的期望值會變大。如果另一個信封的金額

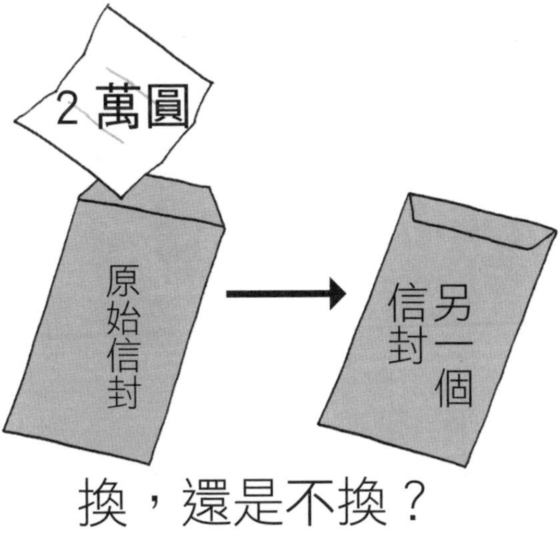

是原始信封的兩倍，你就多賺兩萬圓。假如是一半，你就少賺一萬圓，算起來是贏多賠少。

你可能會懷疑，這次的計算應該會和上一題一樣產生矛盾吧？不過，這次真的沒問題。

在上一題中，若以起初拿的是另一個信封來計算就會得到相反的結果，而且還會推導出「信封換個不停，期望值就會漲個不停」這種奇怪的運算。

但是，如果打開原始信封，確定裡面的金額是兩萬圓，就不會推導出這種奇怪的運算。假如你原本選了另一個信封，改選原始信封的話就會得到兩萬圓，所以可以確定你手上的信封（另一個信封）裡面是一萬圓或四萬圓。計算一下，會發現你手上的信封（另一個信封）的期望值是兩萬五千圓，而原始信封則是兩萬圓，順利得出不要換信封會比較划算的計算結果。

在其中一個信封確定是兩萬圓的情況下，若選擇金額未知的另一個信封，期望值會多出五千圓——這才是正確解答。

想到「一個打開信封的小動作會改變機率」可能會讓各位讀者感到混亂，但既然題目的先決條件改變了，答案當然也會跟著改變，這樣想應該很容易理解才是。

【思考實驗No.24】

電梯裡的男女

十樓是這棟大樓的最高層，而你是最靠近十樓電梯的餐廳店員。

十樓是美食街，到這裡來的訪客男女各半，無論在哪個時段，男女比例永遠都是一比一，非常平均。

你想要把新上市的甜點推薦給女客人，想在女客人走出電梯時第一個叫住她。

這座電梯很特別，會顯示搭乘人數和乘客性別，但現在女性的顯示燈壞了，只會顯示有沒有男性乘客。

在這之前，你都會每天觀察電梯顯示的性別燈號並急忙跑到電梯前，燈壞了對你來說很不方便。

「如果能和之前一樣，可以事先知道有沒有女性乘客該有多好？」

現在，電梯的燈號顯示有兩人搭乘，其中有男性乘客。

電梯抵達兩人的目的地十樓。假如乘客中有女性的機率比較高，你就會跑去站在電梯前。

當情況像這次一樣，已知至少有一名乘客是男性時，你該站到電梯前面嗎？

1 2 3 4 5 6 7 8 9 10
2人

思考提示

許多人的直覺是，當兩名乘客之一是男性時，另一人是女性的機率不會大於二分之一，所以沒必要特地跑去電梯前面。

即使其中一位乘客是男性，也不影響另一人的性別。

對另一位乘客來說，一起搭電梯的人是否存在和他（她）沒有關係，很難想像另一位乘客是男是女的機率會因此受到影響。另一位乘客是男性或女性的機率各為二分之一，應該完全無法預測才對。

這樣想很自然，但實際上，另一位乘客是男是女的機率確實不同。

這是個大多數人的直覺與實際機率不一致的問題。只要做個實驗，就知道另一人是男是女的機率確實不一樣大。

首先，請看一九一頁的圖，如圖所示，兩位乘客的性別是這四種組合中的一種。

乘客的性別組合有四種

題目的先決條件是來到這層樓的男性與女性人數相等，因為如果男女人數一開始就不相等的話，這四種組合的發生率也會出現差異。

你可能會想：「咦？第一九一頁圖說的右方兩種不都是一男一女的組合嗎？」不過，我們有必要把這兩種情況分開來想。

用下圖的方式來想可能會比較容易懂。

電梯左側的地板是黑色，右側地板是白色，兩位乘客一定是一人站一邊。

這樣一來，就可以看出一九一頁

從電梯地板的顏色來思考

的這兩種組合雖然都是一男一女，但其實兩人所站的地板顏色不同。

不過，實際上電梯的地板並沒有上色，也沒有規定誰要站哪一邊，所以你可能不太能理解為什麼要這樣區分。

統計學清楚告訴我們，如此區分是有必要的。

請你把兩位乘客的性別代換成硬幣的正反面來實驗看看。

準備兩個硬幣，反覆投擲一百次，會發現丟出正面＋反面的次數，大於正面＋正面與反面＋反面的次數。

擲硬幣的組合

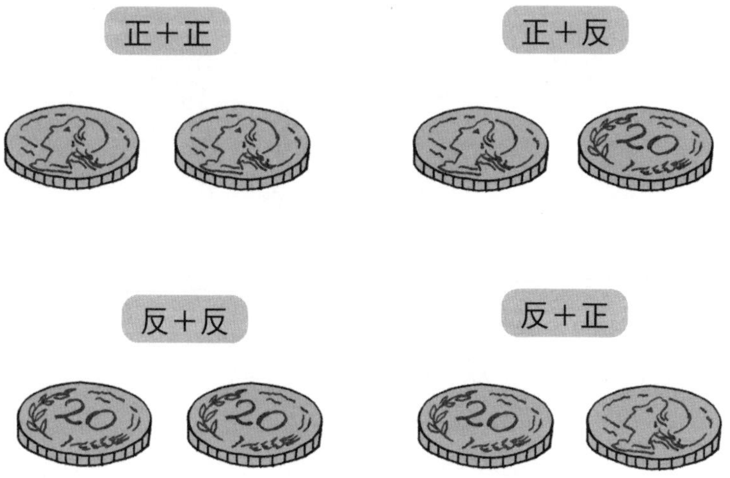

擲硬幣的機率

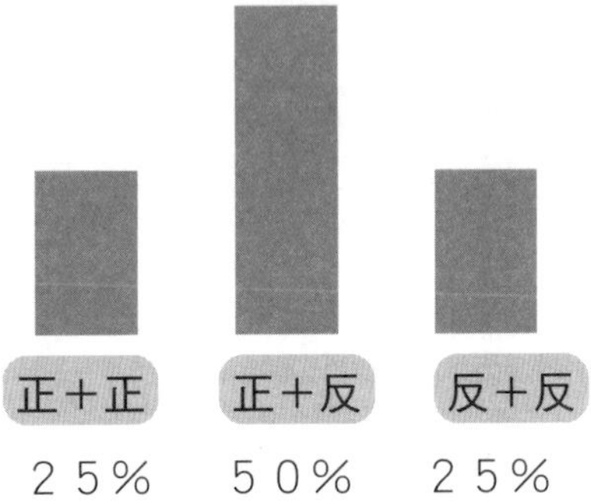

為什麼各種情況的出現率有落差呢？

只要這樣想，機率就會均等

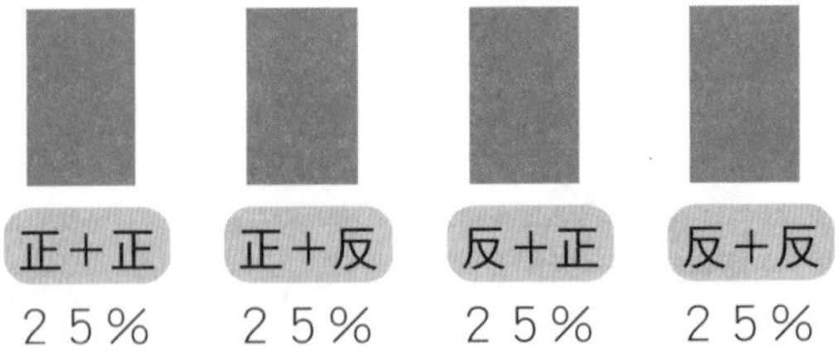

有必要把「硬幣Ａ是正面」
及「硬幣Ｂ是正面」
視為不同的情況。

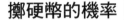

如果把兩個硬幣當作同樣的硬幣，就會像一九四頁上半部的圖這樣，形成機率並不平均的結果。

如果把兩個硬幣當作不同的東西，把「硬幣A是正面，硬幣B是反面」和「硬幣A是反面，硬幣B是正面」視為不同的結果，就會像一九四頁下方的圖一樣，得到所有組合的發生率都相同的結果。

同樣地，兩位電梯乘客的情況也必須分開來想，如一九一頁所示，有四種組合。

題目告訴我們，電梯燈號顯示乘客中有男性。換句話說，這兩名乘客中至少有一位是男性。

已知兩名乘客中有男性時，可能的組合為

在這四種組合中，至少含有一位男性的組合有三種，亦即男性＋男性、男性＋女性、女性＋男性。

這三種情況的發生率相等。當其中一人是男性時，剩下的另一個人可能是男性、女性或女性。

在已知至少有一人是男性的情況下，另一人是女性的機率提高了兩倍。

結論是，另一人是男性的機率為三分之一，是女性的機率為三分之二。

用直覺來看待的話，會很難理解這項事實，但就統計上而言，另一位乘客是男是女的機率確實不一樣大。

若其中一人是男性，另一人是女性的機率為兩倍

由於其中一人是男性，
所以另一人性別的比例是男：女＝1：2

【思考實驗No.25】

不可能成立的算式

優斗要在數學同好會上證明下面這個奇怪的算式。

1＝0．999999……

他心想：「這個式子現在就已經錯了吧？」然後去找爸爸討論，結果得到意料之外的答案。

「這個式子沒錯，你只要稍微想一下，就能找到解題的線索了。」

優斗開始思考：「1＝0．999999……竟然沒錯？線索簡單到只要稍微想一下就能找到嗎？」

於是，優斗推導出下列的式子。

$1 \div 3 = \frac{1}{3} = 0.3333333\cdots\cdots$這個沒錯吧！

$\frac{1}{3} \times 3 = 1$也沒錯吧！

因為$\frac{1}{3} = 0.3333333\cdots\cdots$，

所以$1 = \frac{1}{3} \times 3 = 0.3333333\cdots\cdots \times 3 = 0.9999999\cdots\cdots$！

算出$1 = 0.9999999\cdots\cdots$了！

可是好奇怪喔？$1 = 0.9999999\cdots\cdots$明明不可能成立，這是怎麼回事？

優斗的推導過程

$1 \div 3 = \frac{1}{3} = 0.3333\cdots$

1 除以 3 是 0.3333⋯

$\frac{1}{3} = 0.3333\cdots$

這個沒錯

$0.3333\cdots \times 3 = 0.9999\cdots$

這個沒錯

$\frac{1}{3} \times 3 = 1$

因為 $0.3333\cdots \times 3$

就等於 $\frac{1}{3} \times 3$ ⋯⋯

$1 = 0.9999\cdots$

所以這也是對的

可是為什麼？

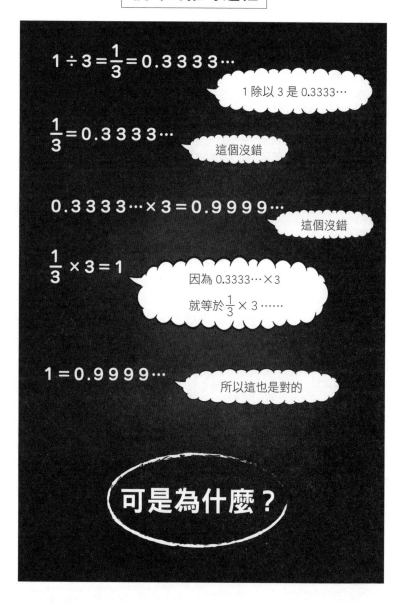

思考提示

在優斗的思考過程中，因為1除以3是0．333333……，所以把它乘以三倍所得到的0．999999……等於1。但是，優斗覺得1＝0．999999……是個錯誤的式子。為什麼會出現這種結果呢？

直覺上，我們會覺得1＝0．999999……很不合理，認為等號兩邊實際上是不同的兩個數字。那麼，是優斗算錯了嗎？可是，我們卻也找不到哪裡有錯。

那麼，下面這個式子如何？

1＝0．999999……9

你可能覺得這和剛才的「1＝0．99999……」一樣，但其實兩者之間有著明確的差別，亦即有沒有終點（有限或無限）。1＝0．999999……9顯然是錯誤的。

在這裡，我們再來看另外一種證明方式，請參見二〇二頁。

這個證明方式是把0．99999……設為A並加以計算，最後推導出A＝1。你或許會覺得10A＝9．9999……這個地方怪怪的，但請把它想成一個無限的概念。

我剛才提過，0．999999……9和0．999999……是不同的數，差別在於有沒有終點，也就是有限或無限。這兩個數完全不同，兩者之間有著不可跨越之牆。現實世界中缺乏無限的要素，所以我們對無限的概念沒有真實感。

有限和無限

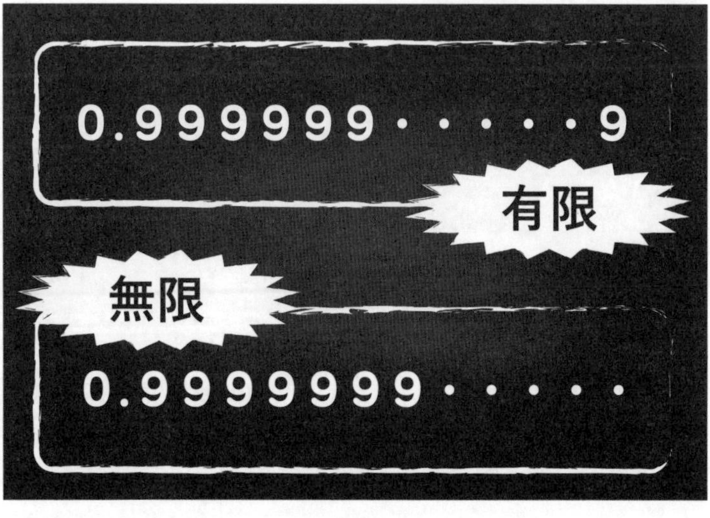

另一種證明過程

$A=0.9999\cdots$

設 A 為 0.9999…

↓ 等號兩邊都乘以 10 倍

$10A=9.9999\cdots$

↓ 等號兩邊都減掉 A

$10A-A=9.9999\cdots-0.9999\cdots$

因為 A＝0.9999…，
所以等號右邊要減掉 0.9999…

↓

$9A=9$

↓ 把等號兩邊都除以 9

$A=1$

得到 A＝1 的結果

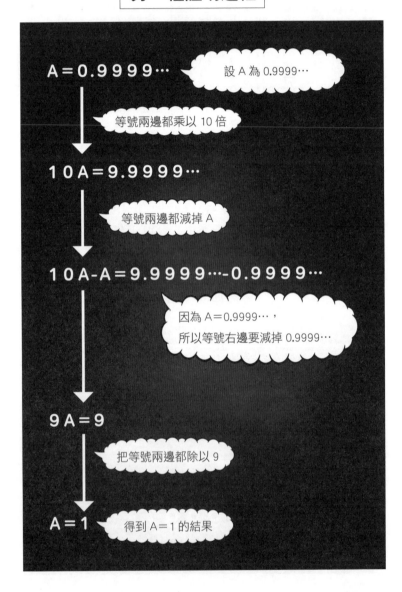

直覺上，下面這個算式應該比較容易理解。

1＝0．999＋0．001

這個式子沒錯吧？

1＝0．99999999999＋0．00000000001

這個式子也沒錯。0．99999999999在0和小數點之後有十一個9，如果要把它加上另一個數來湊足1的話，另一個數的0和小數點之後要接十個0和一個1。

再來，讓我們想想看1＝0．999999……＋A。

A是什麼數字呢？在上述例子中，小數點之後有十一個9，所以要加上的數字是十個0再一個1。那麼，0．999999……有幾個9呢？當然是無限多個。它要加上什麼數字才會等於1呢？在0和小數點之後要有幾個0呢？答案同樣是無限多個吧！

也就是說，0．999999……加上0．0000……這個無限多個0的數字會等於1。當小數點後有無限個0，就代表1永遠不會出現，這樣一來，就只能把它當成0了。可是，這個數字和0．999999……加起來確實等於1。既然0．999999……加上一個趨近於0的數字會等於1，那我們也只能把0．999999……想成1了。

A＝0

1＝0．999999……＋A

1＝0．999999……

1和0．999999……是同一個數，1也可以寫成0．999999……。

數學並不是大自然的產物，1的概念是人想出來的，所以這種乍看之下很奇怪的算式才會成立。只要我們按照數學法則進行計算，1和0．999999……就會是同一個數字，而1也能寫成0．999999……。認為它們不可能相等是很自然的想法，但在數學的世界中，這是正確的算式。

【思考實驗No.26】

不可能成立的算式（二）

優斗又在數學同好會上遇到另一個奇怪的算式。

2＝1

他心想：「2不可能等於1，這個式子果然不對！」然後看了證明過程。

「證明的結果確實是2＝1，而

2 ＝ 1 的證明過程

$A = 1$ 設A＝1

$A^2 = A$ 等號兩邊各乘以A

$A^2 - 1 = A - 1$ 等號兩邊各減掉1

$(A+1)(A-1) = A - 1$ 將等號左邊因式分解

$A + 1 = 1$ 等號兩邊都除以A－1

↓ 因為A＝1⋯⋯

$2 = 1$ 2＝1成立

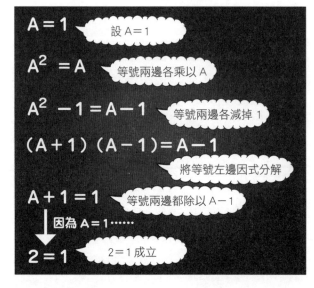

且沒有算錯……也就是說2＝1？不，1和2不可能相等。如果1等於2，那2也等於3？不行，怎麼有這種事！

到底是哪裡出了問題？」

思考提示

正如優斗所想，這個證明並沒有出現計算上的錯誤，因式分解的過程也是正確的，但還是推導出了不可能的結果。2＝1顯然是錯的，整個計算過程中應該有什麼地方搞錯了，究竟是哪裡呢？

請看下面這個算式，它將有助於思考。

它到中間為止都和剛才的證明過程一樣，不同的地方在於把1從等號左邊移項到等號右邊。

明明只是移項而已，答案就改變了，這次得到1＝0。

證明 1 ＝ 0

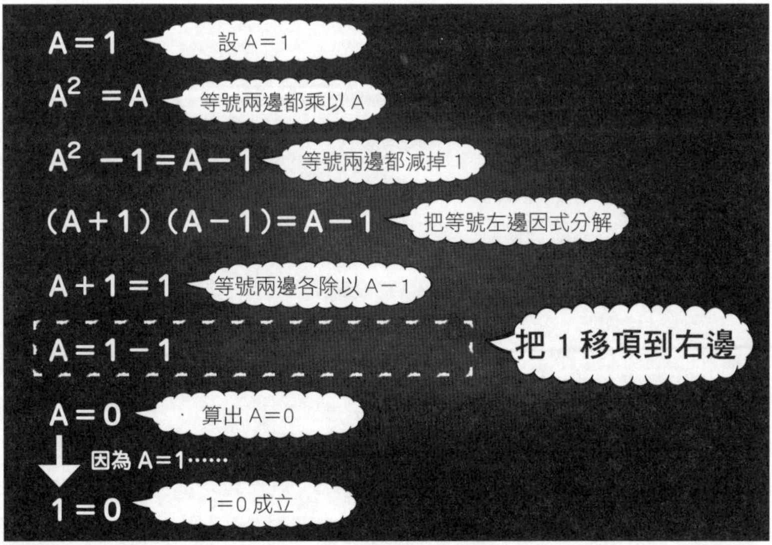

A=1
設 A=1
A² =A
等號兩邊都乘以 A
A² −1=A−1
等號兩邊都減掉 1
(A+1)(A−1)=A−1
把等號左邊因式分解
A+1=1
等號兩邊各除以 A−1
A=1−1
把 1 移項到右邊
A=0
算出 A=0
因為 A=1……
1=0
1=0 成立

因為這次的移項並沒有錯誤，所以錯誤應該就躲在移項前的五行式子裡，讓我們一個一個來驗證。

首先，第一行並沒有問題，只是設定A＝1而已。

接著是第二行。從這裡開始要謹慎思考。

把等號兩邊都乘以A，再整理一下式子，就變成A的平方等於A。這個式子並沒有錯誤。

那麼，再往下看第三行。

這一行只是把等號兩邊各減去

$A^2 = A$（第二行）正確嗎？

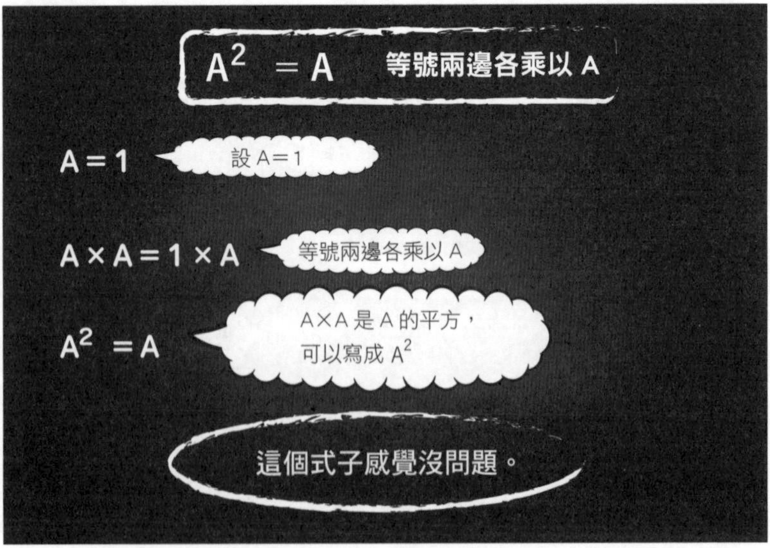

A² ＝A　等號兩邊各乘以A
A＝1
設A＝1
A×A＝1×A
等號兩邊各乘以A
A² ＝A
A×A是A的平方，
可以寫成A²
這個式子感覺沒問題。

$A^2 - 1 = A - 1$（第三行）正確嗎？

$A^2 - 1 = A - 1$ 等號兩邊各減掉 1

$A^2 = A$

↓ 等號兩邊各減掉 1

$A^2 - 1 = A - 1$ 在等號左邊和右邊都加上－1即可

這個式子感覺沒問題。

$(A + 1)(A - 1) = A - 1$（第四行）正確嗎？

$(A+1)(A-1) = A-1$ 把等號左邊因式分解

$A^2 - 1 = A - 1$

$(A+1)(A-1) = A-1$ 把等號左邊因式分解

根據因式分解的公式，$X^2 - Y^2 = (X+Y)(X-Y)$
不對，既然要從不可能成立的算式中找出錯誤，為了保險起見，還是把因式分解的過程還原吧！應該會恢復原樣才是。

$(A+1)(A-1) = A-1$ 刻意重新計算一次

$A \times A + 1 \times A - A \times 1 - 1 \times 1 = A - 1$

$A^2 + 1A - 1A - 1 = A - 1$

$A^2 - 1 = A - 1$ （$+1A - 1A = 0$）

恢復原樣了。
這裡果然沒算錯。

這個式子感覺沒問題。

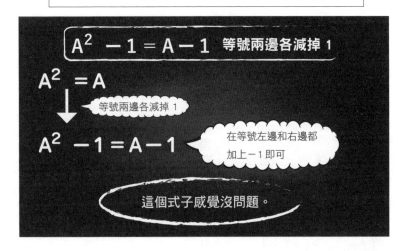

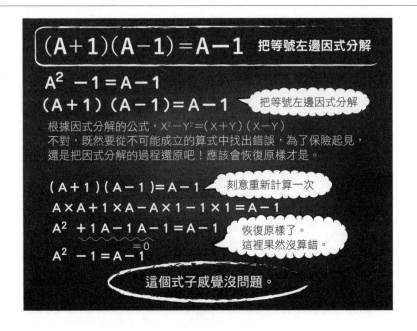

1，可以看出它也是正確的式子。

然後是第四行的因式分解。

為了驗算，我把這個因式分解的式子展開，但是並沒有發現錯誤，所以第四行也沒問題。

這樣的話，就代表問題出在剩下的第五行嗎？來確認一下。

這是個把等號兩邊都除以A－1的算式。為了找出錯誤，以下計算得有點太仔細了，但還是沒發現錯誤。

這就奇怪了。明明式子應該有

A＋1＝1（第5行）正確嗎？

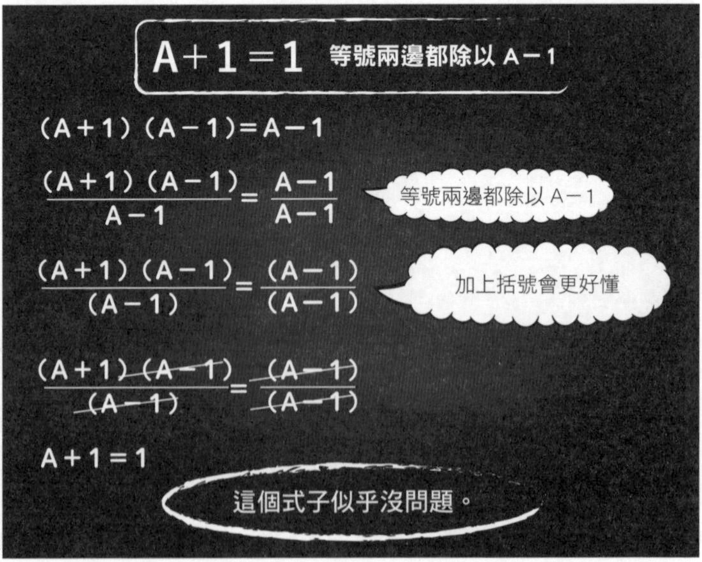
A+1=1 等號兩邊都除以A－1
(A+1)(A－1)=A－1
(A+1)(A－1) / A－1 = A－1 / A－1
等號兩邊都除以A－1
(A+1)(A－1) / (A－1) = (A－1) / (A－1)
加上括號會更好懂
(A+1)(A－1) / (A－1) = (A－1) / (A－1)
A+1=1
這個式子似乎沒問題。

錯，卻找不到錯在哪裡。究竟哪裡有問題？

但其實，式子最後把等號兩邊各除以A－1的步驟有問題。若要找出這個式子的錯誤，關鍵在於一開始設定的A＝1。特地把1代換成A，然後又若無其事地採取不可以的運算方式，就是這個運算過程的問題所在。

那麼，讓我們把第五行式子的A全部改回1。

其實，這個算式犯了「不可以除以0」的禁忌。請回想一下，各位以前應該在學校學過這一點。

問題出在「A＝1」？

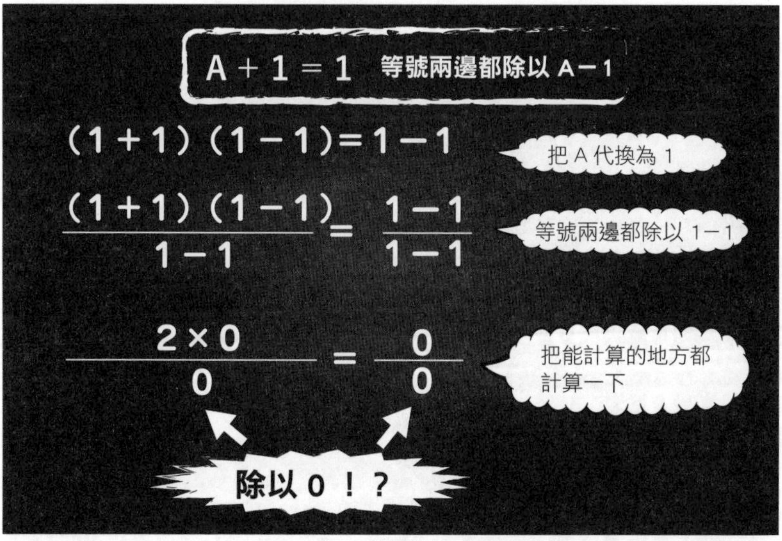

A＋1＝1　等號兩邊都除以 A－1
(1＋1)(1－1)＝1－1
把A代換為1
$\frac{(1+1)(1-1)}{1-1}=\frac{1-1}{1-1}$
等號兩邊都除以 1－1
$\frac{2\times 0}{0}=\frac{0}{0}$
把能計算的地方都計算一下
除以0！？

若10÷0＝M，把0移項到等號右邊就變成10＝M×0。10＝M×0是個錯誤的算式對吧？

此外，若假設這個式子裡出現的0÷0等於N，把0÷0＝N的第二個0移項到等號右邊就會變成0＝N×0，N可以代入任何數字。

由此可以看出，即使把式子除以0也得不到確切的答案，只會推導出奇怪的運算，所以不可以除以0。

既然做了除以0這種事，整個運算當然會變得很奇怪。這就是這個算式的陷阱所在。

不可以除以 0 的原因

$$10 \div 0 = M$$
$$10 = M \times 0$$

但 M×0 應該是 0？

$$0 \div 0 = N$$
$$0 = N \times 0$$

N 不管代入什麼，式子都成立

➡**除以 0 會讓運算變得很奇怪**

第 4 章

在不講理的世界求生存的思考實驗

從思考實驗中學習生存之道

這一章所集結的思考實驗題材廣泛，讓我們可以從多個角度來思考。

各種思考實驗都將在本章登場，其中包括哲學性的問題、日常生活中的抉擇、臨危之下的應變之道，以及讓人想像未來的題目等等。

有些題目很生活化，例如每個人求學時期都曾經歷的臨時抽考；也有些題目的情境只可能發生在思考實驗中，像是小提琴家與義工。

此外，我還準備了好幾個讓讀者思考未來世界的題目。如今科技快速發展，可以預料到未來將有許多工作會由電腦取代人力，但如果電腦發展到連人心都能解讀呢？

自己是怎麼想的，又會採取什麼樣的行動？我希望本章的題目能夠滿足讀者們的探求心。在反覆深入思考的過程中，有時候說不定會找到讓你信服的答案。

【思考實驗No.27】

臨時抽考

思考高中要對三年一班的學生進行臨時抽考。

星期五的最後一堂課結束前，三年一班的英文老師對學生說：

「下週我會從星期一到星期五當中選一天臨時抽考英文單字，大家要好好唸書！因為是臨時抽考，所以不到當天是不會知道的！」

學生們一片嘩然，阿勝也是其中一人。

到了放學後的導師時間，阿勝還在抱頭煩惱。

「啊——好討厭臨時抽考喔！要是不用考試該有多好！臨時抽考是什麼鬼玩意？都

預告下週要考試了，這樣還算臨時抽考嗎？既然要臨時抽考，那就要無預警地進行啊！這樣子，大家的平均分數也會比較低啊！」

阿勝對於背英文單字完全沒有把握，最討厭臨時抽考了。

「嗯？不，等一下……」

阿勝腦海中突然閃過一個想法。

「老師說不到當天不會知道，若假設是星期五要考試的話，那麼直到星期四都不會舉行考試。這樣一來，大家就會知道是隔天要考試，到了星期五，考試就會在大家都預料到的情況下實施。這樣不是很奇怪嗎？因為老師明明說不到當天不會知道，難道老師說謊嗎？這就表示，考試不可能在星期五舉行！」

「嗚哇！感覺考試時間提早了，因為是在星期一到星期四的其中一天嘛！不，等一下……我現在已經知道考試會在星期一到星期四這段時間內舉行，如果考試在星期四舉行的話，應該會發生和剛才同樣的情況吧？」

不能在星期五舉行臨時抽考的原因

星期	星期一	星期二	星期三	星期四	星期五
有辦法舉行考試嗎？					✕

為什麼不能在星期五舉行考試呢？

在星期五舉行臨時抽考

||

星期五是上學日的最後一天，
所以考試會在大家都預料到的情況下進行

||

違反老師說的
「不到當天不會知道」

||

臨時抽考不能在星期五舉行！

「在已知考試會在星期一到星期四之間舉行的情況下，星期四一到，大家就會知道是今天要考試，這樣子就不算臨時抽考了！」

「星期三應該也能套用同樣的邏輯吧？大家已經知道考試不能在星期四和星期五舉行了，所以到了星期三就能預料到是今天要考試。換句話說，星期三也沒辦法實施臨時抽考！」

「同樣的道理，星期二和星期一也無法臨時抽考。臨時抽考不可能實施，所以下週不會考試！」

阿勝深信自己的推理是對的，完全沒有準備就迎接了下個星期的到來。

結果，下週的星期二，老師按照之前的宣言實施了臨時抽考，而最吃驚的人就是阿勝。

為什麼臨時抽考得以實施呢？

下週不能實施臨時抽考的理由

星期	星期一	星期二	星期三	星期四	星期五
有辦法舉行考試嗎？	×	×	×	×	×

為什麼其他日子也不能舉行考試呢？

在星期四舉行臨時抽考

||

因為已經知道臨時抽考不可能在星期五實施，
所以只剩下星期一到星期四，
而星期四是最後一天

||

考試會在大家預料到的情況下舉行

||

違反老師說的
「不到當天不會知道」

↓

**其他幾天也是同理，
所以下週無法舉行臨時抽考！**

思考提示

阿勝的推理乍看之下很有道理。

但是，他確實犯了一個錯誤，那就是「判斷下週不會臨時抽考」這件事。只要老師沒有忘記，臨時抽考就一定會舉行。即使老師忘記，到了星期五應該也會有學生問考試是不是今天要舉行。而且，即使老師在學生的提醒之下想起這件事並舉辦考試，學生們也不會認為「這樣不算臨時抽考，不合理」。

所以，臨時抽考一定會實施。為什麼結果和阿勝的推理不一樣呢？

老師所說的「不到當天不會知道」這句話，其用意其實沒有阿勝想的那麼深遠。老師之所以會那樣說，只是想要傳達考試會在星期一到星期五當中的某一天舉行，把五分之一的機率用「不到當天不會知道」來表達。

但如果是這樣的話，就代表阿勝的想法明明是對的，但老師卻用模稜兩可的態度迷惑了阿勝，並舉行臨時考試。

然而，阿勝失算的地方不只這點，他的推理還有另一個很大的漏洞。

當臨時抽考在星期三舉行時，阿勝就是那個最吃驚的人，這也是理所當然的，因為阿勝以為考試不會舉行。

在阿勝感到吃驚時，就代表他不知道今天會實施臨時抽考，讓老師說的那句「不到當天不會知道」變成對的。

結果，阿勝被自己的推理誤導，沒有為考試做任何準備。

臨時抽考不可能實施？

星期三舉行了臨時抽考

||

因為阿勝一心認定考試不會舉行，
所以沒預料到今天會考試

||

老師所說的
「不到當天不會知道」
成真

||

星期三可以實施臨時抽考

【思考實驗No.28】

求生存的答案

下面是一道謎題般的思考實驗，請你想像故事中的情境，享受思考的樂趣。

＊

國王面前有一個男人，他犯了罪，即將被處以死刑。

男人想方設法要度過這次死劫，便向國王申訴：

「我想要偷走這個國家的寶物的確是事實，但這是因為我也有生活要過。而且，我想偷的並不是什麼太貴重的寶物，判我死刑豈不是太重了嗎？」

國王靜靜地聽完，然後說：

「是嗎？既然這樣，我就讓你自己選擇死法吧！無論火刑或砍頭都可以，選一個你

喜歡的吧！不過，我會確實執行你選擇的死法，而且不准變更。」

男人感到絕望，但還是動腦苦思。明知自己逃不了一死，他還是不死心地開始尋找能讓自己活下去的答案。

選擇病死的話，國王就無法馬上殺了我。但是，假如國王讓我感染病原菌，那我也活不了太久。意外死亡如何？不，這也不行，要把人為引發的事件偽裝成意外太容易了。即使不這麼做，國王也一定會下令要我去做容易發生意外的事。

既然如此，指定一件很難引發的意外怎麼樣？不，這樣的話，直到我發生意外之前，國王都會不斷進行各種實驗，讓我永遠活在痛苦中……還有沒有其他更好的答案？

最後，他得出一個結論並告訴國王，聽了他的答案之後，國王深思熟慮了一番，露出服氣的表情放了這個男人。

如果這個謎題有正確答案的話，那會是什麼呢？

思考提示

有權決定自身死法的男人開始思考讓自己活下去的方法，換過各種答案之後，他思考什麼是最幸福的死法，得到的結論是許多人心目中的理想死法，也就是衰老而死。

若是衰老而死，就無法人為介入。而且，要等到男人變老，也得花上一段漫長的時間。在這段時間內，國王不能讓男人病死或餓死，必須保障他過著不因其他因素死亡的生活。

這樣一來，對國王而言，饒恕男人的罪行並釋放他就是最好的選項。

【思考實驗No.29】

求生存的答案（二）

以下再為各位介紹另一個求生存的思考實驗。

＊

一個男人來到你面前，把槍口對著你，然後說：

「我給你一個機會，如果你能猜中我接下來要做的事，我就不殺你。說吧，答案是什麼？」

你嚇得發抖，但還是絞盡腦汁思考，推理出一個答案。

「你會殺了我。」

結果，男人轉身就逃。

這意味著什麼？

思考提示

假如男人殺了你，那麼你說的「你會殺了我」就成為事實。但是，既然你猜中了正確答案，男人就不應該殺你。如果他殺了你，就會產生矛盾。

另一方面，如果男人不殺你，他一樣會陷入矛盾。既然你沒有答對，男人就有殺你的理由，並扣下扳機。但是，當他真的這麼做，就會變得和上一段一樣，讓你說的「你會殺了我」變成事實……。

無論他採取哪一種行動，都會產生矛盾。

所以，男人什麼都不能做，只能轉身就逃。

【思考實驗No.30】

共犯的自白

人有時候會做出愚蠢的選擇。下面這則思考實驗顯然有個最好的選項，當事人也都明白，但往往還是會陷入兩難，並引發不同的結果。

＊

A和B是某個案件的嫌犯，兩人雙雙遭到逮捕，並且在不同的房間接受偵訊。

偵訊過程中，A和B遲遲不願開口。因此，偵訊官對A提出一個交換條件。

「如果你們兩個人都保持緘默的話，雙方都會被判刑兩年。不過，如果你現在坦白招供，而B保持緘默的話，我們會因為你配合搜查而釋放你，至於B則是判刑十年。

相反地，如果B招供而你保持緘默，B就會獲得釋放，而你則是判刑十年。假如你們兩個人都招供的話，雙方都判刑六年。你覺得怎麼樣？」

其實，偵訊官同時也對B提出了相同的交換條件。

A和B都很清楚，彼此都保持緘默來換取各兩年的徒刑是最好的選擇。兩個人加起來只要坐牢四年，遠比其他條件來得好。

隔天，百般煩惱的兩人各自說出答案，罪行也確定了，結果是A、B兩人各判六年。為什麼會這樣？

A、B兩人與招供的關係

	A保持緘默	A招供
B保持緘默	A、B各判2年	A　無罪釋放 B　判刑10年
B招供	A　判刑10年 B　無罪釋放	A、B各判6年

思考提示

A和B一開始應該都打算保持緘默，但問題在於他們不知道對方怎麼想，說不定對方想要藉由招供來換取無罪釋放。

A是這樣想的。

先假設B保持緘默。

這時候，我若選擇招供就可無罪釋放，若選擇保持沉默，就是被判兩年。

假如只顧自己的話，招供是比較好的選擇。可是，為了B著想，多少還是想要保持緘默。

然後是B招供的情況。

當B選擇招供時，我就沒有希望無罪釋放了。如果我和B一樣選擇招供，彼此都會被判六年。要是我相信他並繼續保持緘默，就等於遭到他的背叛，會因此被判刑十年。

也就是說，如果我選擇招供的話，至少可以避免單方面遭到背叛而被判刑十年的情況。

B 保持緘默時，A 的想法

	A保持緘默	A招供
B保持緘默	A、B各判2年	A　無罪釋放 B　判刑10年
B招供	A　判刑10年 B　無罪釋放	A、B各判6年

當B保持緘默時，我會被判刑2年或無罪釋放。與其被判刑2年，無罪釋放還比較好……
可是，這樣一來B就會被判刑10年，真為難啊……

B選擇招供時，A的想法

	A保持緘默	A招供
B保持緘默	A、B各判2年	A　無罪釋放 B　判刑10年
B招供	A　判刑10年 B　無罪釋放	A、B各判6年

當B招供時，我會被判10年或6年。10年耶？開什麼玩笑！
如果B招供了，我一定也要招供！
當B保持緘默時，我最好選擇招供。如果B招供了，那我一定也要招供！不管怎樣，就招供吧！

雖然A想要相信B，但只要一想到遭到背叛的可能性，還是會做出保持緘默對自己不利的判斷。

如果A招供的話，即使B招供了，也可以避免最糟糕的後果。若A招供而B保持緘默，那A就可以無罪開釋，所以A會認為招供是最好的選擇。

這太奇怪了。對A和B來說，最好的選項應該是雙方都保持緘默才對。儘管如此，一旦從個人的角度來思考，招供就成了最好的選項。從結果來看，「兩人各被判刑兩年」和「兩人各被判刑六年」相比，兩人應該都寧願被判刑兩年，也知道雙方都明白這一點。

此外，一想到自己保持緘默會讓對方得以無罪釋放，而自己則要被判最重的十年徒刑，他們應該也會覺得兩人都被判六年比只有自己被判十年來得好。對一般人來說，比起單獨犯罪被判十年，單方面遭到背叛而落得悽慘的下場更令人難以忍受。

A和B兩人都基於這樣的想法而選擇招供，引發雙方都被判刑六年的結果。

【思考實驗No.31】

黑白瑪莉

瑪莉是個色彩科學家，非常了解色彩的相關知識，知道蘋果是紅色、天空是藍色、香蕉是黃色，也知道人們看到這些色彩時會有什麼反應。

除此之外，瑪莉當然也懂得人類如何看見色彩，知道如何製作各種顏色，像是把紅色和藍色混合就能做出紫色等等。

不過，瑪莉有一個地方和普通人不同，那就是她打從出生起就以特殊的狀態生活在建築物內。

她戴著讓世界看起來只剩黑白的護目鏡，在黑白的房間裡進行異常嚴苛的學習，培養了關於色彩的各種知識。換言之，瑪莉雖然擁有和色彩相關的物理知識，卻不曾真的看過彩色。

某一天，瑪莉摘下護目鏡並走到戶外，第一次看到湛藍的天空、綠色的大自然和紅色的蘋果，以及人們身上穿著的各種顏色。這時，瑪莉會學到什麼新知識呢？

思考提示

擁有豐富色彩知識的瑪莉在實際看到色彩時，會學到什麼新知識嗎？瑪莉知道看見色彩的人會有什麼反應，也知道玫瑰花是充滿熱情的紅色，天空是澄澈的藍色。

請各位讀者想像一下，當瑪莉第一次看見彩色的世界時，會發生什麼事？我們大概可以想到，她會做出「原來這就是天空藍啊」、「原來大自然的綠色看起來是這個樣子啊」之類的反應。

那麼，瑪莉可以從中獲得什麼新的啟發？

舉幾個例子，若在冬天靠近火爐，我們會覺得很溫暖；看到壯闊的大自然，內心會大受感動；看到一百朵玫瑰花時，會覺得紅色好鮮艷；參加摸彩活動時，心情既緊張又興奮；找到一件喜歡的衣服，看了價錢發現好貴而大吃一驚——以上這些全都是主觀的感受，每個人所體會到的都不一樣。這種主觀的感覺稱為感質（qualia）。

比方說，即使A、B看到同一顆蘋果的感想都是「這樣的紅色看起來很好吃」，但A看到的紅色說不定和B看到的紅色不同。

A眼中的「看起來很好吃的紅色」，在B眼中搞不好是紫色。然而，兩個人看到蘋果都說是「看起來很好吃的紅色」，而且也都沒有說謊。

以瑪莉的例子來說，她雖然擁有色彩的各種知識，卻缺乏對色彩的主觀感受。我們可以說，她在看見色彩時學到了感質。沒有「誰看到的紅色才是真正的紅色」這種事，瑪莉學到的感質也和你的感質不同。

【思考實驗No.32】

小提琴家與義工

有一天，你在捐血時順便做了血液檢查。幾天後，你遭到綁架，醒來時發現自己躺在床上，被人用管子將你和旁邊的陌生男子相連。

一個曾在你去捐血時向你攀談的人走過來對你說：

「你身旁這一位是世界級的小提琴家，他得了腎臟病，有生命危險，但因為用管子和你相連而暫時保住了性命。解藥會在九個月後完成，可以治好這個小提琴家的病。你可以協助我們，直到那時為止嗎？」

「意思是說，你們要利用我來進行血液透析嗎？並不是非我不可吧？而且九個月也

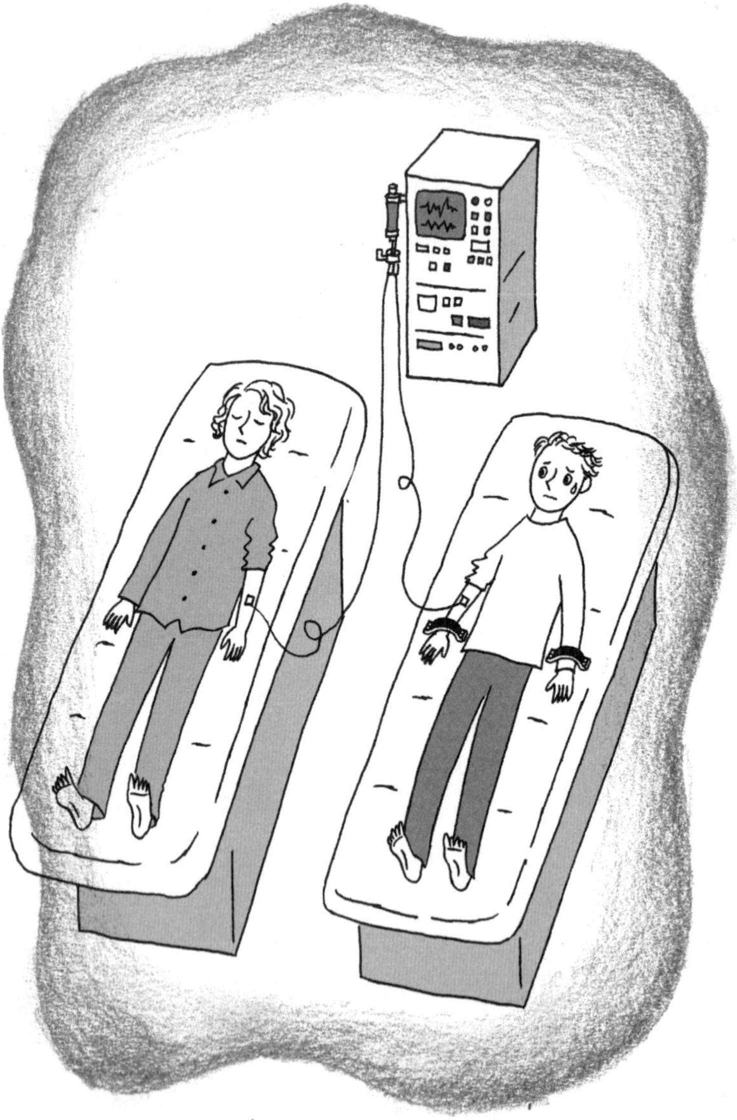

太久了！」聽到你如此反駁，男人繼續說：

「根據血液檢查的結果，你的血型和小提琴家的罕見血型完全吻合。其實我本來想要好好花時間說服你的，但要是不儘快用管子把你和小提琴家相連的話，他就會沒命。這位小提琴家才華洋溢，我不能眼睜睜看他死在這裡。一旦你拔掉了管子，小提琴家就會死，當然啦，你會願意配合的，對吧？」

看來，在這裡的人們似乎都是這位小提琴家的狂熱粉絲。

你有義務要和這位小提琴家相連九個月嗎？此外，如果是你，你願意救他嗎？還是會拔掉管子呢？

若從現實狀況來考量，能否得到金錢作為報酬將會大大左右人們的想法，但在這裡我要假設你完全得不到報酬，純粹是做義工。請各位在思考題目時，先把金錢擺在一邊。

小提琴家與義工

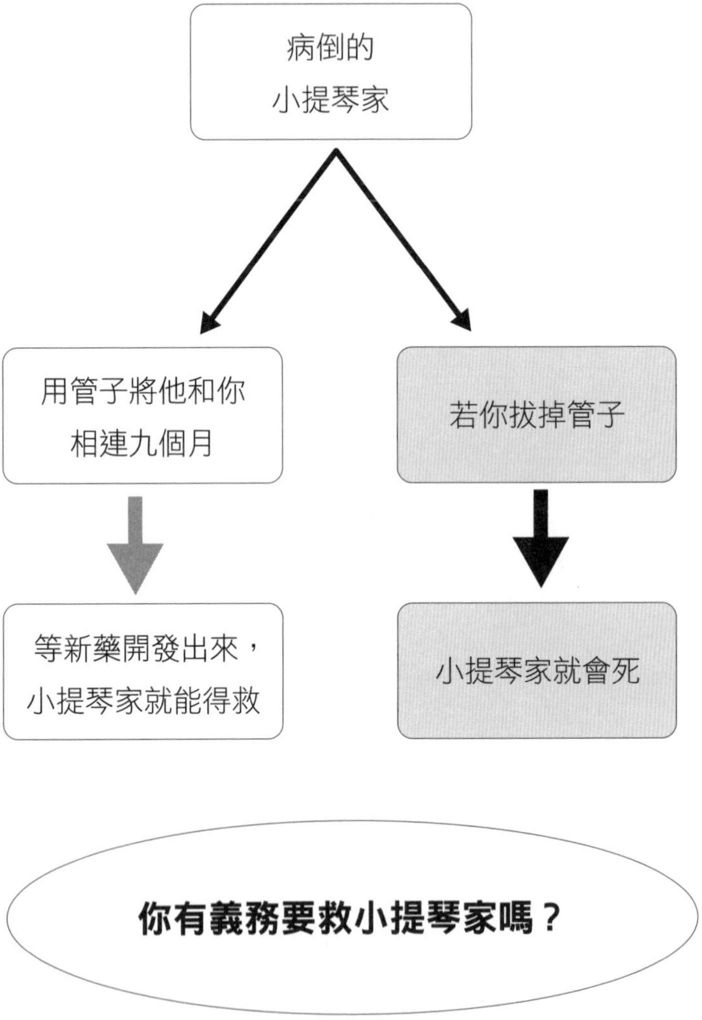
病倒的
小提琴家
用管子將他和你
相連九個月
若你拔掉管子
等新藥開發出來，
小提琴家就能得救
小提琴家就會死
你有義務要救小提琴家嗎？

思考提示

這一題源自美國女性哲學家湯姆森（Judith Jarvis Thomson）的知名思考實驗。如果是你，會做出什麼選擇呢？

如果沒有你，不認識的小提琴家就會死。為此，他們不得不綁架你這個陌生人，奪走你的自由，時間長達九個月。但是，你有義務要幫助他們嗎？人的確有幫助他人的積極義務，但是對方也有不妨礙你的自由的消極義務。

而且，他們並沒有事先徵求你的同意，而是綁架你，強迫你處於現在的狀態。這樣一想，就覺得你沒有義務要為小提琴家的生命負責。

話雖如此，若考慮到拔掉管子會終結一個人的生命，你有勇氣拔掉管子嗎？

湯姆森的這則思考實驗是為了讓大家思考墮胎議題而設計的，小提琴家就像是胎兒，而你則是孕婦。湯姆森認為，你並沒有義務要救小提琴家。

儘管如此，應該還是有不少人願意為了救一個人，在九個月的時間內犧牲自己。但是，如果你問他們是否有義務幫忙，他們應該會回答沒有吧！在這個情況下，與其說是基於義務幫助小提琴家，不如說是出於一片善心。

即使你願意忍耐九個月來救小提琴家，但要是聽到別人說「你有義務救他」，還是會覺得不合理。

在這種時候，好撒馬利亞人的故事經常被舉出來當例子。

● 好撒馬利亞人

某天，一個男人被強盜洗劫一空，受傷了倒在路邊。恰巧經過的祭司雖然注意到了男人，卻裝作沒看見，從馬路另一頭走過。下一個路過的利未人也同樣從馬路另一側繞過。最後，一個路過的撒馬利亞人為男人做了緊急處置，用自己養的牲畜把男人載到附近的旅館，還幫他付了住宿費和醫療費用。

如果有人問撒馬利亞人有沒有義務要救那個男人，答案是沒有，他只是出於好心而出手幫忙。至於先前路過的祭司和利未人，事後也不會遭到追究。

我們可以想成，小提琴家是那個倒在路邊的男人，而你則是路過的人。但是，撒馬利亞人的負擔和義工不一樣重，義工要救小提琴家必須獻出自己的身體長達九個月，但撒馬利亞人的負擔只是一時的。

因此，儘管有不少人願意採取好撒馬利亞人這種負擔較輕的行動，但若換成小提琴家的情況又是另外一回事。

即使好撒馬利亞人的負擔較輕，絕大多數人仍然認為他沒有救人的義務。因此，一般來說，義工更沒有義務去救小提琴家。

【思考實驗No.33】

由電腦支配的世界

時間是二二一七年，電腦有了飛躍的進步，可以完美分析人類的大腦，推導出當事人的記憶和個性，甚至還能藉此預測未來。

人們可以用電腦分析自己的小孩，為他們選擇最適合的職業。讓電腦分析自己的喜好，選出想要居住的城鎮；讓電腦分析自己的能力，找出有才華的領域；就連想看的書也可以由電腦在一瞬間挑選出來，非常方便。從企業的角度來看，電腦讓公司可以篩選所需的人才，就連挖角也都由電腦自動進行。

透過電腦，人們不僅能知道自己現在有多少能力，還可以從當下的大腦狀態預測未來。這樣子就不必白白付出不必要的努力，可以很有效率地度過人生。

就連結婚也一下子化為現實。只要把自己的大腦資訊登錄到電腦裡，透過電腦就能

找到適合自己的異性，即使從來不曾見過對方，也能締結命中注定的良緣。靠著這項功能，甚至有人沒看過另一半的長相就決定結婚。

而警察也不再需要經歷艱困的搜查過程，案件發生時，只要把任何有嫌疑的人統統抓起來，讓電腦調查嫌犯的大腦，就能瞬間搜尋他們的記憶，查出他們是不是真兇。

拜此之賜，犯罪率愈來愈低，城鎮變得比以前更安全了。不僅如此，電腦甚至還知道未來誰可能會犯罪，警方可以事先逮捕犯罪機率高的人，強迫他進行更生。這麼一來，城鎮又更加安全了。

為了追求國家的和平和發展，並保障國民過著安全又舒適的生活，國家規定十二歲以上的國民有義務每年登錄大腦資訊。

這真的是我們應該期望的未來嗎？

思考提示

假如電腦性能有了飛躍性的進步，甚至連人類的個性都能完美分析的話會怎麼樣？

假設你是這個國家的國民，而你打算把自己最心愛的繪畫當作職業，每天努力學畫以期成為畫家。

有一天，你父母在登錄大腦資訊時，用電腦調查了你的才能，結果得到掌管視覺的大腦枕葉不發達且不適合當畫家的結論。既然調查結果如此，無論哪間美術學校都不會讓你入學。

父母要你放棄畫家之路，建議你改當工程師，因為電腦算出你比較適合那一行。你非常反彈，認為自己的畫是藝術，電腦不可能懂得欣賞。然而，只有得到電腦肯定的人所畫的作品，才能得到這個社會的高度評價，所以你認為得不到任何人肯定的藝術也沒有用。

除了你以外，還有其他例子。有人對手工藝很有興趣，開了一家自己的店，可愛的圖案一時之間大受歡迎。可是，當人們透過電腦得知店長的才華和一般人沒兩樣之後，就不再認為那些可愛的圖案有什麼魅力了，因為他只是個凡人。開始有人批評他的作品是外行人之作，那些圖案也不再那麼有價值。

有人某天突然被警察帶走，明明不記得自己犯了什麼罪，也沒有犯罪企圖，卻還是被電腦指出有可能犯罪而被迫更生。

靠電腦來預知犯罪，並安排更生計畫的話，犯罪率確實會驟降，可以守護社會的和平。可是，即使一個人屬於可能會犯罪的性格，也不代表他一定會犯罪。

當電腦性能太好時，人們會依賴電腦，導致思考能力變差。當電腦進一步填補了人們退化的思考能力，這個世界就彷彿被電腦支配一樣。活在這樣的世界真的幸福嗎？

實際上，現代科技已經解開記憶的機制，小白鼠實驗證實了記憶是可以竄改的。有一天，電腦或許會發展到人類無法掌控的地步。而你，想要活在這種世界嗎？

後記

各位有沒有享受到思考實驗的樂趣了呢？

思考實驗可以一個人進行，當然也可以多人一起同樂，若能找機會向別人提起思考實驗的話題，相信也能共度有趣的思考時光。

有些你以為是常識的觀念，有可能是少數派的意見。你周遭的親朋好友、同事或伴侶，也可能抱著和你不同的想法。

這時，不要和他們爭辯，而是尊重他們的意見，想著「原來還有這種看法啊」，得到獨自閱讀時所沒有的樂趣。

本書的主題是從思考實驗中獲得樂趣，並藉此鍛鍊邏輯思考能力，而思考實驗有時候還可以保護我們遠離危險，不讓生命受到威脅。

在西班牙的加那利群島（Canary Islands）中，有一個島嶼叫做特內里費島（Tenerife），一九七七年三月二十七日下午五點六分（當地時間），在島上的洛斯羅迪歐機場（Los Rodeos Airport）跑道上，分屬泛美航空與荷蘭航空的兩架波音七四七發生相撞事故，乘客與機組人員合計共有五百八十三人死亡，是航空史上死傷最慘重的空難事故。

生還者只有六十一人，包括五十四名乘客和七名機組人員。這起悲慘的事故稱為特內里費空難（Tenerife disaster）。

在這起事故中，有很多人在飛機相撞時平安無事，但在事故後的火災中喪命，據說是因為事情發生得太突然，讓他們停止思考並愣在原地，沒有採取逃生的行動。

根據英國心理學家約翰．利奇（John Leach）的研究，發生重大災害時，人們的反應可以分為呆愣原地、冷靜行動與陷入慌亂等三種類型，呆愣原地的人占了最大比例（超過七成）。

據說，這起事故的生還者從平時就會仔細思考災害發生時該怎麼應變，有助於在關鍵時刻迅速採取行動。

有生還者指出，他們從前曾經遇到事故，所以永遠都會設想到最壞的情況，在腦中模擬事情發生時該如何行動，搭乘飛機時也確認過逃生路線。除此之外，他們說不定還下意識地做了其他乘客不會做的事，例如想像自己該如何跑到緊急出口，或是設想到停電的可能性，憑感覺掌握大概的距離等等。換言之，他們可說是在「假如空難發生該怎麼辦」的設定下進行了思考實驗。

此外，即使不曾直接體驗，但你或許曾在電視上看過空難的特別報導，或是從認識的人口中聽過這件事。以此為起點深入思考，進行一場屬於自己的思考實驗，說不定還能在危難時左右自己的生死。

你可能覺得想這些事太悲觀，但這不是悲觀，而是謹慎、聰明、冷靜的想法。思考是人類特有的能力，愈常用就愈能訓練。它和我們所有的行動互相連結，有時候為我們帶來商業上的成功，有時候則是讓我們得以避開危險。

從平時就做好思考的準備，才能成為冷靜行動的那一類人。

本書主要由一些我覺得有趣的思考實驗構成，對你來說，有些題目或許很有趣，但一定也有讓你不感興趣的題目。

書中所介紹的例子只是眾多思考實驗的一部分，還有很多、很多思考實驗都很有趣，只是礙於版面有限而沒能介紹，說不定還有其他能讓你感到有趣的思考實驗。

希望各位讀者能夠透過本書體驗到思考實驗的魅力，從思考的樂趣中找到嶄新的發現。

國家圖書館出版品預行編目資料

思考實驗室：鍛鍊邏輯思考力的 33 個思考實驗 / 北村良子著；伊之文譯 .-- 初版 . -- 臺中市：晨星 , 2020.06
面；　公分 . --（勁草生活 ; 467）

譯自 : 論理的思考力を鍛える 33 の思考実験

ISBN 978-986-177-735-1 (平裝)

1. 思考 2. 邏輯

176.4　　109004810

勁草生活 467

思考實驗室

鍛鍊邏輯思考力的 33 個思考實驗

論理的思考力を鍛える 33 の思考実験

作者	北村良子
封面・內文繪圖	大塚砂織
譯者	伊之文
編輯	王韻絜
校對	伊之文、王韻絜
封面設計	季曉彤
美術設計	陳柔含
創辦人	陳銘民
發行所	晨星出版有限公司 台中市 407 工業區 30 路 1 號 TEL：(04)23595820　FAX：(04)23550581 行政院新聞局局版台業字第 2500 號
法律顧問	陳思成 律師
初版	西元 2020 年 6 月 20 日 西元 2023 年 4 月 15 日（二刷）
讀者專線	TEL：02-23672044 / 04-23595819#212 FAX：02-23635741 / 04-23595493 E-mail：service@morningstar.com.tw
網路書店	http : //www.morningstar.com.tw
郵政劃撥	15060393（知己圖書股份有限公司）
印刷	上好印刷股份有限公司

歡迎掃描 QR CODE
填線上回函

定價 350 **元**

ISBN 978-986-177-735-1